GESTION DE LA SÉCURITÉ DANS LES ÉVÈNEMENTS SPÉCIAUX

Bernard Grégoire
www.bujinkanquebec.com
© 2012
ISBN 978-2-9813137-4-4

TABLE DES MATIÈRES

1.0 Introduction 9
1.1 Un défi passionnant 9
1.2 Pourquoi des besoins de sécurité ? 9
1.3 Savoir s'organiser 9
1.4 Pour l'agent de sécurité 10
1.5 Pour les organisateurs d'évènements spéciaux 11

Avant d'accepter un contrat
2.0 L'évaluation du contrat 12
2.1 La capacité de l'organisation 12
2.2 À quel type d'évènement avez-vous affaire ? 13
2.3 L'historique de l'évènement 14
2.4 Savoir refuser un contrat 17
2.5 Si vous acceptez le contrat 18
3.0 Le poste de directeur de la sécurité 19
3.1 Les tâches et obligations du directeur de la sécurité ... 19
3.1.1 La coordination 19
3.1.2 Le choix des employés 20
3.1.3 Posséder une vue d'ensemble du site 21
3.1.4 Régler des problèmes 22
3.1.5 Rendre la sécurité utile au sein de l'organisation de l'évènement ... 22
3.1.6 Tout prévoir 23
3.1.7 Les plans d'évacuations d'urgence 23
3.1.8 Établir de bonnes relations avec les autorités policières ... 23
3.1.9 Les qualités d'un bon directeur 24
4.0 Choisir le bon agent 26
4.1 Les agents de périmètre 26
4.2 Les entrées secondaires 29
4.3 Les entrées principales 30
4.4 Les patrouilleurs sur le site 32
4.5 Le contrôle des boissons 33
4.6 Protection de la scène durant un spectacle 34
4.7 Le travail de nuit 34
4.8 Les chefs de secteur et d'équipe 35
4.9 La place des femmes 36
4.10 Les zones à autorisations restreintes 36
4.11 Connaître son personnel 37
4.11.1 Avec ou sans arme 38
4.11.2 Se méfier des CV trop beaux 38
4.11.3 Les croyances et opinions 38
4.11.4 En résumé 39

Les outils nécessaires

5.0	Les accréditations	40
5.1	L'accréditation des agents de sécurité	40
5.2	Sans accréditation	41
5.3	Les journalistes	42
5.4	Les commerçants	42
6.0	Les communications	43
6.1	Respecter les priorités d'appels	44
6.2	Prendre soin de l'équipement	44
6.3	Une radio n'est pas un mégaphone	45
6.4	Les codes radio	46
6.5	Système de relais	47
6.6	La chaîne de commandement	47
7.0	Les maîtres-chiens	49
7.1	Les services d'un maître-chien	49
7.1.1	Les attroupements	49
7.1.2	Le maître-chien doit avoir un bon tempérament	50
7.1.3	Connaître la méthode de travail du maître-chien	50
7.1.4	Un effet dissuasif	51
7.1.5	Se fondre à l'environnement	51
8.0	Une photo vaut mille mots	52
8.1	Diviser dans le temps et l'espace	52
8.2	Déplacement sur le terrain	53
8.3	Des photos des gens qui sont sur l'évènement	53
8.4	Se remettre dans le dossier	54
8.5	Laisser un dossier complet	54
9.0	Plan d'évacuation d'urgence	55
9.1	Pourquoi un plan d'évacuation ?	55
9.2	N'hésitez pas à demander de l'aide	55
9.3	Définir ce qu'est un plan d'évacuation	56
9.4	Les facteurs déterminants	56
9.4.1	Les zones tampons	56
9.4.2	La gravité de la situation	57
9.4.3	L'aide extérieure	57
9.4.4	Qui de l'organisation peut aider ?	57
9.4.5	L'aménagement des lieux	58
9.4.6	Les structures en place	58
9.4.7	Le personnel informé des mesures d'urgence	58
9.4.8	La signalisation	59
9.4.9	Les groupes électrogènes	59
9.4.10	Les personnes handicapées	59

9.4.11	Communications	59
9.4.12	Établir un plan pour chaque secteur	60
10.0	SMEAC.	61
10.1	L'importance des réunions	61
10.2	Quel est le sujet d'un bilan ?	61
10.2.1	Situation.	61
10.2.2	Mission	62
10.2.3	Exécution	62
10.2.4	Administration	62
10.2.5	Commandement et communication	62
10.3	Des ordres clairs et précis	63
10.4	Des réunions sur une base régulière	63

Durant l'évènement

11.0	Blinder un site.	64
11.1	Évaluer le site	65
11.2	Une vue d'ensemble	66
11.3	Que faire des intrus	66
11.4	Bien définir le plan de match	67
12.0	Emplacements et logistique	68
12.1	Intégrer la sécurité aux comités décisionnels	68
12.2	Minimiser les risques ou les problèmes	68
12.3	Les commanditaires	69
12.4	Les VIP.	70
12.5	En cas de pluie	70
13.0	Procédures pour les ambulances	72
13.1	Déplacement sur le site	72
13.2	L'information à transmettre.	73
13.3	Procédures en cas d'urgence impliquant un besoin d'ambulance.	74
13.4	Produire un rapport détaillé de l'incident	74
14.0	Les boissons alcooliques.	75
14.1	Déterminer les règles avec les organisateurs	75
14.2	Les contenants de verre	75
14.3	Afficher les règles.	76
14.4	Saisies des boissons	76
14.5	Un public ingénieux	76
15.0	La gestion des médias	77
15.1	Le stationnement.	77
15.2	Le contact avec les médias.	78
15.3	Les espaces réservés sur le site	78
15.4	Bien renseigner les agents en place	79
16.0	La sécurité matérielle	80
16.1	L'éclairage adéquat.	81
16.2	Profitez des temps morts	82
16.3	Apprendre à voir les dangers potentiels	82

16.4	Le ruban danger	84
16.5	Signalez les incidents même minimes	84
16.6	Les obstacles sur le sol	85
16.7	Agir rapidement	85
17.0	Les commandes spéciales	87
17.1	L'escorte et la protection d'argent	87
17.2	L'escorte de personnalités	88
17.3	Les imprévus	89
17.4	Les équipements	89
17.5	Entente avec les organisateurs	90
18.0	Les personnes handicapées	91
18.1	Déterminer les zones dangereuses	91
18.2	Apprendre à communiquer	92
18.3	Les personnes âgées	92
19.0	La discipline, LE secret de la réussite	94
19.1	L'absentéisme	94
19.2	Les horaires de nuit	95
19.3	L'image de l'agent	96
19.4	Le langage verbal	96
19.5	Le langage gestuel	97
19.6	Les payes	97
19.7	Les privilèges	97

Compléments

20.0	Le bilan	98
20.1	Le personnel	98
20.2	La gestion du matériel	98
20.3	Les incidents	99
20.4	Le service de paye	99
21.0	Soumission d'un contrat	100
21.1	Exemple de questions à se poser	100
21.2	Déploiement des hommes	102
22.0	Anecdotes et exemples	103
22.1	La menace de congédiement	103
22.2	Bien se comprendre	103
22.3	Un travail à risques	104
22.4	Face à face	105
22.5	Reprendre du poil de la bête	106
22.6	Défendre ses chefs d'équipe	106
23.0	Conclusion	107
24.0	Remerciements	107
25.0	À propos de l'auteur	108
26.0	Section photos	109
	Index	119

1.0 INTRODUCTION

1.1 Un défi passionnant

Dans le domaine de la sécurité privée, celle des évènements spéciaux est l'une des facettes les plus intéressantes qui soient. Elle offre un défi constant où l'agent doit souvent faire preuve d'adaptabilité et d'ingéniosité. Évoluant au fil du temps, chaque activité amène des besoins d'adaptation, de nécessités changeantes, car la sécurité doit évoluer avec l'évènement. La sécurité parfaite n'existant pas, il devient nécessaire de travailler constamment à l'amélioration du système de sécurité mis en place. À chaque reprise de l'évènement et à chaque modification de celui-ci, une analyse doit être faite. Chaque présentation de l'activité devient donc un nouveau défi. Chaque évènement a sa personnalité propre, ses exigences qui se dévoilent, trop souvent, seulement au dernier moment. Gérer des évènements spéciaux, ça ne s'improvise pas. Il faut acquérir les connaissances de base nécessaires au bon déroulement de l'évènement. Le défi est de taille, mais l'expérience elle, est passionnante.

1.2 Pourquoi des besoins de sécurité ?

La sécurité d'évènements spéciaux constitue une sécurité d'encadrement, comparativement à une sécurité défensive pour une entreprise. L'objectif est de protéger la clientèle contre les risques présents sur le site et contre elle-même au besoin (déplacement de foule). En second lieu, elle devient une sécurité défensive dans le but de prévenir l'intrusion illégale, le vandalisme et le vol.

Les responsables de la sécurité doivent veiller à ce que tout se déroule bien sur le terrain. Cet encadrement s'étend des déplacements de la foule au risque de blessures accidentelles, en passant par le contrôle des individus perturbateurs, que ce soit des actes de violences et d'agressivité ou simplement des gens perturbés psychologiquement ou sous l'effet de drogues ou autres substances.

1.3 Savoir s'organiser

Les prévisions en personnel sont rarement adéquates, soit on manque d'effectifs, soit on en a en surplus. De plus, les secteurs problématiques ne sont pas toujours ceux que l'on avait prévus. La réaction du public n'est pas nécessairement celle qui est souhaitée. Le déplacement de foule ne se fait pas, à chaque fois, au rythme prévu. En cas d'accident, l'ambulance ne se fraye pas un chemin aussi facilement dans la réalité que sur le papier. Et pour faire déborder le vase, plusieurs agents arrivent régulièrement en retard ou même, n'arrivent pas du tout sur leur quart de travail, ce qui complique la tâche de tout le monde. Une mauvaise transmission de l'information sur la chaîne de commandement débouchera le plus souvent sur des problèmes qu'il aurait été tellement facile d'éviter. Bref, une foule de facteurs influenceront le déroulement des opérations.

Malheureusement, lors de ces évènements, la personne ou l'organisation requérant les besoins d'un système de sécurité remarquera plutôt les points négatifs, non les actions positives. Elle ne verra pas les efforts déployés pour assurer à tous, ces longs moments de tranquillité où il ne semble rien se passer. Les contrats se perdent souvent parce que de petits détails auront été oubliés. Ces petits détails qui, s'ils nous semblent anodins à première vue, font toute la différence pour les personnes qui vous engage. Les gens qui font la sécurité et ceux qui engagent un service de sécurité ont un même objectif, assurer la sécurité des gens sur le site de l'activité. Mais cette vision peut parfois varier en ce qui concerne la façon de traiter le dossier.

Malgré toutes ces petites difficultés, la sécurité d'évènement est un défi passionnant à relever. Une planification adéquate pourra faire en sorte de minimiser le nombre de ces petits irritants. Une liste de planification «checklist» permettra de laisser moins de place aux imprévus. Un historique de l'évènement permettra de prévoir le déroulement des opérations. Une gestion adéquate du personnel permettra de mieux faire face à divers problèmes. Un compte rendu bien détaillé permettra de colmater rapidement les fissures du système. Une définition des tâches bien définie permettra de ne laisser aucune place à l'incertitude. Tous ces ingrédients, bien mélangés, permettront à l'organisme chargé de la sécurité de maintenir son contrat à la plus grande satisfaction des employeurs.

Un livre sur la gestion d'évènements spéciaux est un outil utile pour tous ceux qui œuvrent dans ce domaine. Il ne peut cependant, que donner les grandes lignes de conduite, car chaque évènement doit être analysé et décortiqué individuellement. Chaque activité a son mode de fonctionnement, ses méthodes de gestions et ses problématiques.

Cet ouvrage ne sera pour certains qu'un aide-mémoire dans l'organisation de tels évènements. Pour d'autres, ce sera un outil précieux leur permettant d'augmenter leurs chances de succès lors de telles opérations. Et enfin, pour plusieurs nouveaux venus dans l'organisation de sécurité d'évènements spéciaux, ce livre sera une référence, qui je l'espère, saura les guider dans ce monde fascinant.

1.4 Pour l'agent de sécurité

Le travail d'agent de sécurité lors d'évènements spéciaux diffère grandement de la sécurité passive que peut être la sécurité dans une guérite ou d'une ronde d'inspection qui changera peu ou pas avec les années. Les évènements spéciaux amènent les intervenants en sécurité à travailler avec une foule qui se renouvelle constamment et qui change selon les heures et les évènements. Chaque foule a son caractère, son humeur, ses exigences.

L'agent de sécurité est amené à travailler dans des lieux qui changent d'un évènement à un autre. Souvent, il n'a pas le temps de s'habituer ni au terrain ni à la personnalité de la foule qui participe à l'activité. De plus, ses règles d'interventions peuvent varier énormément selon le type d'évènement qu'il aura à couvrir. Et pour compliquer le tout, chaque secteur possède ses propres exigences.

Ce livre devient un outil essentiel pour les quelques milliers d'agents qui travaillent au sein des évènements spéciaux qui se déroulent tout au long de l'année. Cet ouvrage a pour but d'apporter un angle de vision nouveau, afin d'aider le professionnel de la sécurité à mieux accomplir les tâches qui lui sont confiées. Il aura une meilleure vision des conséquences de chacun de ses actes. Il pourra comprendre l'importance de respecter l'ordre établi et l'importance de parfois oser prendre des responsabilités. Il est essentiel que l'agent sur le terrain apprenne à se poser les bonnes questions afin de mieux accomplir son travail. Il est important qu'il apprenne à développer une vue d'ensemble afin d'établir une meilleure collaboration de tout le réseau d'agents qui s'affairent sur un même contrat.

Il est révolu le temps où l'agent travaillait de façon robotisée, voire même lobotomisée sans se poser la moindre question. Oui, il doit obéir et accomplir la tâche qui lui a été attribuée, mais s'il peut en faire un peu plus et aider au succès de l'opération, alors pourquoi se priver de ses compétences ? Les responsables de la sécurité doivent faire en sorte que tout se déroule pour le mieux et le meilleur moyen d'y arriver est d'utiliser au maximum toutes les ressources disponibles. On sous-estime trop souvent l'habilitée et l'expérience dont dispose les agents sur le terrain. Une sécurité d'évènements spéciaux doit être travaillée en équipe. Ce n'est pas une structure pyramidale inerte, mais un organisme vivant qui doit être réactif à tous les niveaux.

1.5 Pour les organisateurs d'évènements spéciaux

Les gens qui mettent sur pied de telles activités sont souvent débordés. Il n'est pas rare qu'ils aient une méconnaissance du travail de la sécurité. Ils possèdent une vision théorique ou déformée sur les conditions de travail des gens qui font la sécurité sur ces évènements. Ce manuel permettra aux organisateurs de mieux comprendre les difficultés de mettre sur pied un système de sécurité efficace. Une meilleure compréhension des besoins de la sécurité pourra dans bien des cas, donner accès à un budget plus réaliste afin de mieux sécuriser un site d'activités.

En possédant une meilleure vision d'ensemble, grâce à la prise de conscience que peut apporter un tel manuel, les demandes au service de sécurité deviendront plus réalistes. En comprenant mieux le travail d'un service de sécurité, les besoins pour la sécurité du public entreront probablement un peu plus tôt en considération dans le processus de la mise sur pied de l'évènement.

AVANT D'ACCEPTER UN CONTRAT

2.0 L'ÉVALUATION DU CONTRAT

2.1 La capacité de l'organisation

Beaucoup d'organisations en sécurité sont prêtes à tout pour avoir un contrat, sans se poser la moindre question. Il arrive parfois que certaines organisations acceptent un contrat sans avoir la capacité de pouvoir remplir les exigences liées à cette entente. Il n'est pas rare de voir des annonces de recrutement d'agents de sécurité pour un travail d'une durée très limitée dans le temps. N'importe qui fait l'affaire pourvu qu'il puisse s'afficher avec un uniforme. Si tout va bien, que la chance est de notre côté et qu'il ne se passe rien, cela peut aller. Mais si au contraire, la tension est forte, que des imprévus surgissent, ça sera toujours avec un fort potentiel de risque que la sécurité de l'évènement se fera. Comment voulez-vous qu'une personne inexpérimentée puisse réagir adéquatement sans une formation minimale ? Il n'est pas toujours évident de trouver 50, 100 ou même 200 agents compétents dans un court laps de temps.

Malheureusement, dans la réalité du travail, les agences n'ont souvent pas d'autres choix que de faire du recrutement rapide. Il n'y a pas assez d'agents formés pour répondre à la demande lors des périodes de pointes. Si l'on a réussi à trouver le nombre de personnes suffisantes pour remplir le contrat, est-ce qu'on dispose de personnes d'expérience possédant les compétences suffisantes pour diriger tout ce monde ? Le secret de la réussite est en grande partie dû aux gens qui dirigeront les agents sur le terrain. Les agents d'expérience sont un atout indispensable au secret de la réussite lors d'évènements spéciaux.

Une première étape consiste donc à faire l'inventaire des ressources humaines. Si l'on ne peut compter sur des chefs d'équipe ou de secteurs compétents, il y aura nécessairement des problèmes. Le responsable de la sécurité ne pourra pas soutenir longtemps un rythme de travail s'il doit être partout à la fois, surtout si l'évènement se prolonge en durée. Si l'on a une équipe professionnelle qui peut diriger les équipes et les secteurs, on pourra alors faire du bon travail même si le reste du personnel est moins qualifié ou débutant dans la profession.

Il faudra ensuite faire l'inventaire du matériel nécessaire pour accomplir le contrat. Une liste du matériel disponible ou accessible devrait être une des premières étapes avant d'accepter le contrat. Est-ce que le contrat exige de couvrir de grandes distances ? Si oui, est-ce que l'agence dispose de moyens de transport adéquats ? Sinon est-ce que l'on peut inclure dans le devis un montant pour des véhicules de location ? Souvent, les organisateurs d'évènements spéciaux ont des voiturettes de golf. Il faut s'informer si par exemple les patrouilles de nuit peuvent utiliser ces véhicules, surtout si le site est grand. Est-ce que l'agence possède ses radios, ou est-ce qu'on devra ajouter le prix de location au devis ?

Tout peut et doit être quantifié. On dressera une liste du matériel déjà acquis et une liste du matériel nécessaire dans l'exécution du contrat. Un contrat où les dépenses dépassent les profits n'est pas une bonne affaire. Êtes-vous financièrement assez solide pour soutenir ce déséquilibre en attendant de nouveaux contrats ?

Voici une liste vous permettant de vérifier une partie des ressources nécessaire à l'exécution de contrats lors d'évènements spéciaux. Plusieurs de ces éléments peuvent être empruntés aux municipalités. D'autres peuvent être loués. Il faut alors tenir compte du prix de location de ces équipements lors de la présentation de l'offre :

- Nombre de personnes adéquates et qualifications adéquates ;
- Personnes ressources disponibles à toute heure pour la durée du contrat ;
- Uniforme ou identification en nombre suffisant ;
- Véhicule si nécessaire ;
- Extincteur et autre équipement d'incendie si nécessaire ;
- Radio et cellulaire ;
- Lampe de poche ;
- Équipement de premiers soins ;
- Maître-chien au besoin ;
- Dossard de sécurité routière au besoin ;
- Ruban danger si nécessaire ;
- Tréteaux de circulation si nécessaire ;
- Clôture antiémeute si nécessaire.

2.2 À quel type d'évènement avez-vous affaire ?

Il est important de bien connaître ses forces et ses faiblesses avant d'accepter un contrat. Une organisation peut opérer de façon professionnelle lors d'évènements à caractère agressif et perdre tous ses moyens lors d'évènements familiaux. L'inverse est tout aussi vrai. À quel type de clientèle vous adressez-vous tout particulièrement ? Il est évident que lors d'activité pour enfants, une sécurité répressive ne sera pas la bienvenue. De plus, ce ne sont certes pas tous les agents qui sont à l'aise avec les enfants.

Une activité pour adolescents demandera un peu plus de fermeté. Mais jusqu'où peut aller l'agent pour ce type de contrevenant ? L'expulserez-vous avec des clefs de bras, encolures, points de pressions et toute la panoplie du parfait agent de sécurité ? Il y a des gens qui ont une facilité avec ce type de clientèle. Connaissez-vous quelqu'un dans votre liste d'agents qui a de la facilité pour gérer ce type de clientèle ?

Il vous faudra également discuter avec les responsables de l'organisation s'il y a des choses qu'ils ne désirent pas voir de la part de la sécurité. La logique organisationnelle entre souvent en conflit avec la logique émotionnelle des gens qui engagent l'entreprise de sécurité.

L'activité est familiale. Que préconisez-vous pour la personne qui n'obtempère pas à vos demandes ? L'expulserez-vous rapidement (et brutalement) sans entreprendre de négociation, ou si au contraire, la nature de l'évènement fera en sorte que vous dialoguerez longtemps avant d'intervenir physiquement ? Vous adresserez-vous d'abord à la dame du monsieur qui a quelques verres de trop ? Demanderez-vous à monsieur d'essayer de calmer sa femme au lieu d'entreprendre immédiatement des mesures répressives ? Il faut donner une ligne de conduite aux agents qui sont sur le terrain. Seuls de bons responsables d'équipe et de secteurs pourront faire en sorte que les agents respectent la ligne de conduite que l'organisation souhaite.

Vous vous retrouvez dans un spectacle rock. Est-ce vraiment le bon moment pour négocier de longues minutes avec un contrevenant agité ou si, au contraire, vous devez l'expulser le plus rapidement possible afin d'éviter un attroupement agressif ? Quelles sont les limites autorisées pour vos agents lors de tels évènements ? Avez-vous des gens dans vos troupes qui peuvent créer rapidement un lien de sympathie avec ce type de clientèle ?

Il est important avant d'accepter un contrat de savoir à quel type d'évènement on sera confronté. D'être conscient de la capacité de son organisation à gérer un type particulier d'évènement. Une organisation professionnelle connait son personnel. Elle sait qui affecter au bon endroit selon le type d'activité. Elle doit savoir également qui ne pas affecter à ce même type d'activité.

Chaque évènement a sa personnalité. Un festival western, une course automobile et une activité équestre vous amèneront un public qui aura des réactions différentes face à un même problème. Il devient donc important de connaître la clientèle qui fréquente l'activité.

2.3 L'historique de l'évènement

L'historique est en quelque sorte le CV de l'évènement. Est-ce un nouvel évènement ? Si l'évènement a déjà eu lieu par le passé, quelles informations possédez-vous ? On peut prédire le futur en connaissant l'histoire. Demandez à voir les rapports d'incidents s'il en existe. Quels problèmes ont été rencontrés lors de la tenue de ces évènements dans le passé ? N'hésitez pas à consulter les journaux des années précédentes. Ils vous donneront beaucoup d'informations sur l'évènement. Évitez d'avancer à l'aveuglette. Connaître le passé d'un évènement est garant du succès de l'avenir.

Ne vous gênez pas pour demander quelle organisation gérait la sécurité par le passé et pourquoi elle n'est plus là. Vous pourrez justifier ces questions en soulignant le fait que vous cherchez à éviter les erreurs du passé. Vous pouvez même réengager des gens qui étaient là par le passé, après entrevue bien sûr. C'est là qu'une filtration adéquate est indispensable et que vous devez être capable de réaliser à qui vous avez affaire. Ce n'est pas parce qu'une agence a perdu un contrat que tous ses membres sont incompétents. Souvent, l'agence paye le prix fort à cause de quelques personnes incompétentes. On revient toujours à l'idée que la chaîne a la force de son maillon le plus faible.

Trop souvent, les problèmes viennent d'agents responsables qui n'ont pas toujours les compétences requises et qui ont pris de mauvaises décisions ou qui ont mal géré les troupes à la base de l'organisation. Posséder dans ses rangs des gens qui connaissent le terrain peut se révéler un atout appréciable dans ce type de contrat. Il peut vous faire un historique intéressant si vous posez les bonnes questions.

Un bon historique de l'évènement sera un bon indicateur de l'interaction de l'évènement avec la population locale. L'expérience démontre que la cohabitation de certaines activités n'est pas toujours sans friction avec les gens résidant aux abords du site. On débute la construction d'un bon historique en se posant quelques questions adéquates.

Comment la population locale considère-t-elle l'évènement ?

Il est évident que si près de 100 % de la population locale est contre l'évènement, rien ne sera facile pour vous. Par contre, le contraire vous facilitera grandement la vie. Vous pouvez couvrir une zone plus grande en positionnant un agent sur le terrain d'un voisin, il vous donnera probablement la permission dont vous avez besoin pour cette surveillance. Ils se feront les ambassadeurs de l'évènement.

Si ce n'est pas la première fois que l'évènement a lieu, prenez le temps de faire quelques recherches sur Internet concernant son historique. Dans votre champ de recherche, inscrivez le nom de l'activité et les mots comme problèmes, désagréments, ennuis. Vous pourriez être surpris de ce que vous y trouverez. Si l'évènement possède une page Facebook, prenez le temps d'aller voir les commentaires des gens. Plus vous connaîtrez le pouls du voisinage concernant l'évènement, plus vous serez en mesure de réduire les irritants.

Est-ce que les jeunes habitants près du site peuvent infiltrer aisément les lieux de l'évènement ? Pour eux ce n'est souvent qu'un jeu, un défi.

C'est généralement le cas de la plupart des évènements où un prix d'entrée est exigé. Les jeunes aiment dire avec fierté qu'ils ont réussi à franchir le périmètre de sécurité. Ils savent pertinemment bien qu'ils s'en tireront avec une réprimande de leurs parents dans le pire des cas. Comme la plupart de ces jeunes coopèrent avec les agents une fois pris sur le fait, il n'y aura généralement pas d'autre conséquence pour eux que l'expulsion du site.

Est-ce que les gens sont incommodés par le bruit ?

Il y a peu de chance que vous puissiez y changer quoi que ce soit. Cependant, un peu d'empathie avec les gens du voisinage sera nécessaire pour entretenir de bonnes relations pour l'organisation de l'évènement. La sécurité est un des maillons importants pour l'image d'un évènement. Les gens du voisinage iront fréquemment se plaindre aux agents des côtés dérangeants de l'évènement dans leur quotidien. L'agent se doit d'offrir une oreille attentive et compréhensive à ces personnes subissant l'évènement.

Est-ce que les gens sont dérangés dans leurs habitudes par ce surplus de voitures et de gens ?

Pour bien des évènements, vous aurez à travailler en collaboration avec la police. Lors de vos réunions avec eux, profitez-en pour discuter des problèmes et voyez si une solution pourrait être envisagée afin de minimiser les inconvénients que peut créer l'activité. Si une personne du voisinage vient se plaindre à la sécurité, il faut prendre le temps de l'écouter et faire preuve d'empathie. Il arrive parfois que ces gens qui connaissent bien leur quartier puissent apporter une solution qui nous avait échappé.

Est-ce qu'en tant que responsable de la sécurité, vous pouvez diminuer d'une quelconque façon ces irritants ?

Vous ne pourrez certes pas tout changer de façon radicale, mais d'année en année, il est possible d'améliorer certains détails. Soyez conscient des améliorations que vous pouvez apporter et que vous devez apporter lorsque c'est possible.

Est-ce que localement ce sont toujours les mêmes qui se plaignent ?

Tenez un registre des plaintes. C'est un outil utile dans plusieurs situations. Qui s'est plaint et à quel propos ? Si les doléances se rendent jusqu'à la mairie par exemple, il est plus facile de désamorcer la situation si l'on peut prouver que c'est toujours le même petit groupe qui se plaint.

Vous créerez probablement un dossier concernant l'évènement, dossier qui sera votre référence chaque année. Ce dossier devra comporter une section « plainte » afin d'y noter les noms des plaintifs, les raisons et également votre point de vue concernant celle-ci. Est-ce que les plaintes de ces personnes sont vraiment justifiées ? Connaître ces gens peut nous aider à mieux gérer la situation. Je suis déjà allé rencontrer certaines de ces personnes pour aller leur offrir des excuses préventives sur les désagréments occasionnés par l'évènement. Le fait de discuter un peu avec ces résidents aide à créer un lien empathique.

Même si officiellement ce n'est pas le travail de la sécurité, même si personne de l'organisation ne saura que vous avez fait cette procédure, le fait qu'il n'y aura plus de plainte de la part de cette personne donnera aux organisateurs l'impression que l'évènement s'est mieux déroulé cette année. Et si vous perdez le contrat, vous pouvez être sûr que ces gens se plaindront à nouveau l'année suivante, si une personne ne va pas les rencontrer avant le début de l'évènement. Ils référeront probablement au fait que l'année précédente, la sécurité était mieux effectuée.

Quels sont les droits légaux de l'évènement ?

Vous avez des secteurs à interdire à la population locale. Quels sont légalement vos droits de leur interdire ces accès ? Il faut que vous soyez en mesure d'expliquer quels sont les droits de l'organisation. Il faut également que vous puissiez donner les raisons valables pour lesquelles l'organisation agit ainsi. Il faut que vos réponses soient logiques. Est-ce que c'est une demande des assurances ? Est-ce pour contrôler plus efficacement un accès interdit au site ? Il faut que vous soyez capable d'expliquer chacune de vos décisions et que ces décisions soient légales, ce qui n'est étrangement pas toujours le cas.

Ces problèmes surviennent généralement lorsque l'activité se tient dans des endroits comme des parcs publics. Les gens du voisinage sont habitués d'aller se promener librement dans ces endroits. Avant d'interdire l'accès à de tels endroits, il faut s'assurer que l'on puisse le faire en toute légalité.

Il est trop fréquent de voir des évènements s'approprier des droits qui ne sont pas toujours légitimes. S'il y a des problèmes de ce côté, la sécurité sert généralement de bouc émissaire. Bien connaître ses droits est une assurance tranquillité pour l'agence. Il n'est pas rare de voir des évènements qui se déroulent sur des sites ou une partie du terrain appartient à divers partis. Si c'est un terrain privé, municipal ou gouvernemental, est-ce que l'organisation peut légalement en restreindre l'utilisation aux gens du secteur ? Il est important de connaître les tenants de telles situations.

Quels sont les droits moraux de l'organisation qui gère cet évènement ?
Quel sera le seuil de tolérance que vous accepterez pour le bruit si vous êtes près d'un endroit résidentiel ? Est-ce que les gens pourront crier à tue-tête après 11 h ? Peut-il y avoir de la discrimination raciale de la part de vos agents ? Est-ce que leur seuil de tolérance est le même pour toutes les ethnies ? Vous ne le saurez probablement pas tant que vous ne verrez pas vos agents sur le terrain. Il faut également être conscient du pire qui peut arriver lors d'évènement. Il y a peu de chance qu'une fête d'enfant se termine en bataille rangée où les chaises vont voler dans la salle. Si le pire arrive, êtes-vous prêt à réagir adéquatement avec votre équipe ?

2.4 Savoir refuser un contrat

Lorsque l'on ne remplit pas toutes les conditions nécessaires, il faut parfois prendre du recul et refuser un contrat. Ne pas être prêt dans l'exécution d'un contrat peut nuire durant des années à l'image de l'entreprise ou du responsable du contrat. Connaître ses limites est une assurance contre les poursuites, les pertes de réputation et tous les problèmes que peut amener un manque de préparation ou de compétence. Si l'on refuse le contrat, on doit expliquer les refus à l'organisation. On doit leur expliquer si c'est par manque de personnel, d'expérience ou autre. On pourra laisser sous-entendre que dans une édition future, ça deviendra possible. Il faut que l'on quitte les organisateurs en laissant l'impression qu'on a refusé le contrat par professionnalisme. Ils seront reconnaissants de votre honnêteté et pourront vous recommander à d'autres organisations où vous contacter une autre année s'ils ne sont pas satisfaits de la sécurité en place.

2.5 Si vous acceptez le contrat

Avant d'accepter un contrat, réfléchissez-y bien, surtout si vous êtes une nouvelle organisation en sécurité. Vous serez jugé avec dureté à vos premiers contrats. Si vous échouez, le milieu des évènements spéciaux est cruel. Beaucoup d'organisateurs d'évènements spéciaux sont sur des comités d'autres évènements. Ces personnes se connaissent et n'hésiteront pas à critiquer ou au contraire, à vous recommander si vous avez bien accompli le travail. Comme vous allez probablement limiter vos activités à votre région, votre réputation se fera rapidement, qu'elle soit positive ou négative.

Alors, avant d'accepter vos premiers contrats, pensez-y à deux fois, vous ne vous engagez pas pour un seul évènement, vous vous engagez pour les années à venir.

3.0 LE POSTE DE DIRECTEUR DE LA SÉCURITÉ

Le propriétaire d'une agence de sécurité ne peut malheureusement pas tout faire lui-même. Il ne peut être partout à la fois. C'est pourquoi il doit engager des personnes compétentes afin d'accomplir la tâche selon la philosophie prescrite au sein de l'agence. Si ce n'est le propriétaire de l'agence qui gère le contrat sur place, il devra faire appel à une tierce personne à qui l'on donne généralement le titre de directeur de la sécurité.

Derrière ce titre flatteur pour l'égo se cachent de lourdes responsabilités. Lorsque ce dernier dirige les opérations, il est rarement félicité pour son travail lorsque c'est bien fait. Mais vous pouvez être certain que chaque erreur commise sera fortement signalée. C'est généralement le directeur de la sécurité qui orchestre toute l'opération. Pour ce poste, on désignera une personne qui a fait beaucoup de «terrain». Il doit avoir une connaissance pratique de chaque secteur, de chaque type de travail exigé pour l'organisation de la sécurité. De plus, il doit posséder une bonne facilité d'adaptation. Il y a une énorme différence entre la théorie et l'expérience pratique obtenue au fil des années. Cette expérience fait toute la différence lorsque des décisions rapides doivent être prises.

Chronologiquement, engager un directeur de la sécurité arrive en fin d'étape lors de la mise sur pied d'un nouvel évènement. C'est une erreur stratégique, car pour être efficace, il devrait être là dès le début afin de bien connaître tous les rouages de son organisation. Il doit pouvoir imbriquer l'élément sécurité au travers de toutes les facettes de la mise sur pied des activités. Le directeur est le lien entre la sécurité et les organisateurs de l'évènement. C'est par lui que se feront les demandes spéciales, lorsque nécessaires. C'est également lui qui aura à prendre les décisions finales les plus importantes concernant la sécurisation du site. Il doit assumer chacune de ses décisions, qui ne feront pas toujours plaisir à tout le monde. Le directeur doit démontrer une certaine expérience de vie. Un jeune directeur âgé de 20 ans ne réussira généralement pas à convaincre les organisateurs qu'il est un agent d'expérience. Une personne dans la trentaine donnera toujours plus de crédibilité.

3.1 Les tâches et obligations du directeur de la sécurité

3.1.1 La coordination

Le travail de directeur en est un de coordination. C'est à lui que revient la tâche de distribuer les rôles en première ligne (choisir ses lieutenants, personnes-ressources, etc.). Il doit ensuite s'assurer que chaque personne connaisse bien ses tâches et qu'elle les effectue avec diligence. Il doit également connaître les gens qui dirigent en seconde et en troisième ligne. Il est responsable des bévues commises par ses chefs d'équipe et de secteur. Une connaissance directe de ces personnes-clés ne pourra que les motiver et diminuera les risques d'erreurs.

La coordination doit se faire avec les gens de la sécurité, mais également avec les gens des autres secteurs. En tant que directeur de la sécurité, vous aurez à vous présenter à différentes réunions, telles que le cocktail de rencontre des médias ou autre rencontre d'activité sociale. C'est l'occasion idéale pour connaître les autres intervenants liés à l'évènement.

Plusieurs personnes n'apprécient pas ces mondanités et tentent souvent de trouver des excuses pour ne pas y assister. Ces réunions sont essentielles pour créer un lien fort entre l'organisation et la sécurité. Vous y discuterez de tout et de rien, c'est souvent une opération de charme. C'est l'occasion de créer des liens tout en projetant une image professionnelle. Dans ces réunions, vous pourrez probablement vous faire des contacts pour obtenir d'autres contrats. Il faut laisser son image de Rambo au vestiaire, la sécurité est une « business » et vous devez agir en tant qu'administrateur et non en gardien à l'allure dure et imperturbable.

3.1.2 Le choix des employés

Lorsqu'arrive une bévue, la plupart des gens en situation d'autorité ont tendance à reporter la faute d'une erreur sur les autres. Le directeur de la sécurité doit accepter le fait que chaque erreur commise par un de ses agents est aussi sa faute. Il est responsable de son personnel. Les gens qui ont recours à ses services le considèrent comme responsable de tous les problèmes pouvant entacher l'image de l'évènement. En tant que directeur, il doit assumer toutes les failles de son organisation. La plupart des organisations n'apprécieront pas un directeur qui se plaint, mais apprécieront un directeur qui réagira et corrigera rapidement le tir.

Pour cette raison, il est primordial de faire le bon choix lors de la sélection des employés. Le problème principal consiste généralement à trouver des gens compétents pour prendre en main la gestion de secteurs ou la direction d'employés. Dans le milieu de la sécurité, la tendance est encore trop souvent au choix de bons amis ou de la famille, sans égard à la compétence.

Il est important de choisir les gens en fonction de leurs aptitudes et non de leurs relations. Un des problèmes qui surviennent lorsque l'évènement se renouvelle annuellement, c'est la promotion naturelle des gens qui sont en place depuis le début. On a tendance à vouloir donner des postes de plus en plus importants à ces gens, alors qu'ils n'en ont pas toujours la compétence.

Personnellement, j'ai toujours tenu compte du « syndrome de Peters ». On peut résumer ceci en disant que tôt ou tard, et ce, dans n'importe quelle profession, les gens atteignent leur seuil d'incompétence. À son échelon actuel, l'agent est très compétent. Son travail est fait avec minutie et compétence. Il est capable de réagir avec promptitude à la plupart des problèmes qu'il rencontre. Malheureusement à l'échelon juste au-dessus, il lui manquera toujours un petit quelque chose pour être pleinement opérationnel. C'est souvent ce petit quelque chose d'anodin qui fera toute la différence lorsqu'un problème survient sans prévenir. C'est là que peuvent se produire les incidents ou les accidents. Le renouvellement d'un contrat est souvent en jeu à cause d'une personne incompétente. Les dirigeants de l'activité ne verront pas toujours les bonnes actions, mais soyez assurés que les erreurs seront toujours pointées du doigt. Si l'on décide de donner une promotion à cet agent, il faut s'assurer que l'encadrement et que la formation qu'il recevra soit à la hauteur.

> **Le directeur se doit d'être intransigeant dans le choix de son personnel. Le choix doit être rationnel et non émotionnel.**

3.1.3 Posséder une vue d'ensemble du site

Le directeur doit avoir une vue d'ensemble de l'évènement. Il doit comprendre tous les rouages nécessaires au bon déroulement des opérations. Il se doit d'acquérir une connaissance minimale de chacun des secteurs qui sont sous sa juridiction.

Si l'évènement occupe une grande superficie, il est préférable d'utiliser des plans ou des cartes détaillées afin d'avoir une vue d'ensemble. S'il n'y en a pas, il devra alors en créer. Il est important d'avoir un plan du site lors des réunions. Cela permet d'avoir une meilleure compréhension des zones à protéger et lors des réunions organisationnelles, ça évite la confusion. Généralement, les organisateurs de l'évènement n'ont pas le choix d'avoir une copie des plans du site. S'ils n'en ont pas, on peut aller voir à la ville ou la municipalité pour trouver des plans du secteur. Et dans le pire des cas, on utilisera Google Earth pour avoir une vue d'ensemble, même si elle n'est pas toujours à jour.

Dans un second temps, le directeur doit arpenter à pied toutes les zones, tous les secteurs qui sont sous sa protection. Il doit se familiariser avec les lieux de façon à savoir à tout moment de quoi parlent ses agents lorsqu'il y a un problème. Beaucoup trop de responsables ont tendance à négliger cette étape, préférant rester dans le confort du poste de commandement.

Si un agent sur le terrain lui parle de tel bâtiment ou de tel chemin, le directeur doit être en mesure de comprendre rapidement à quoi réfère l'agent. La vitesse de réaction fait souvent la différence entre un problème résolu et une mauvaise note au dossier.

Le directeur doit avoir une bonne idée de ce que sont les bâtiments sur son site, qu'il sache à quoi sert chacun des édifices qui y sont. Il doit, si possible, avoir une liste des personnes ressources qui sont en rapport avec ces édifices. Une effraction ou une alarme s'enclenche durant la nuit, son personnel doit savoir qui contacter même si l'édifice en question ne fait pas partie de l'évènement. Dès qu'une sécurité prend un site en charge, même si ce n'est pas dans son contrat, les petits surplus de sécurité seront généralement grandement appréciés.

3.1.4 Régler des problèmes

Le directeur de la sécurité est également là pour régler les problèmes lorsque les échelons inférieurs n'ont pu les résoudre. S'il s'est bien entouré, la majorité des problèmes devrait se résoudre avant d'arriver à son bureau, ce qui ne veut pas dire qu'il ne doit pas être tenu au courant des différents problèmes qui ont lieu sur le site. La communication des problèmes peut être faite ultérieurement à l'aide de rapports.

Le directeur de la sécurité se doit de connaître et de savoir comment rejoindre tous les intervenants de l'évènement (éclairage, billetterie, son, etc.) en cas de problèmes. Il doit également avoir créé un lien rapide entre lui et les différents services d'urgence sur le site et à l'extérieur du site (ambulance, service de police, premiers soins, etc.). Ses listes de contact doivent être régulièrement mises à jour et accessibles en tout temps.

Directement ou indirectement, le directeur de la sécurité est là pour éviter qu'il y ait des pots cassés et pour réparer les dégâts s'il y a lieu. Si un directeur de la sécurité n'est pas capable de résoudre un problème, il doit alors avoir des listes de personnes pouvant l'aider à régler celui-ci.

3.1.5 Rendre la sécurité utile au sein de l'organisation de l'évènement

La sécurité est généralement vue comme une dépense par ceux qui organisent les évènements spéciaux. Pour cette raison, le directeur de la sécurité doit parfois sortir du cadre strict de la sécurité pour faire « du charme » à l'organisation. Il doit pouvoir intégrer l'équipe de la sécurité dans les habitudes de vie des autres secteurs de l'organisation. Il doit prendre le temps de discuter avec les autres responsables et leur offrir de l'aide au besoin.

Par exemple, un technicien de son sera heureux de laisser son équipement sous la surveillance d'un agent de sécurité le temps qu'il devra quitté pour son repas. Il peut demander ce service ou on peut le lui offrir lorsqu'il y a des agents disponibles sur le terrain. La secrétaire qui travaille tard le soir appréciera être escortée à sa voiture si l'endroit est sombre. Un des cadres de l'évènement débarque du matériel de sa voiture, un petit coup de main ne devrait pas entacher l'égo du directeur de la sécurité même si c'est lui qui procède. Les chefs de secteurs peuvent dire un petit bonjour aux responsables des autres départements qui œuvrent sur l'évènement.

Cette façon de procéder nous éloigne d'une image de la sécurité stricte, autoritaire, mais elle a le mérite d'intégrer l'organisation de la sécurité au sein des autres secteurs de l'évènement et généralement, ces gens ont tendance à être fidèles lorsqu'ils sont à l'aise avec les gens de la sécurité. Les organisateurs d'évènements spéciaux ont tendance à posséder un esprit de famille. Ce sont des gens qui aiment se retrouver en terrain connu. Ils n'ont pas besoin de soucis supplémentaires, pour cette raison, ils apprécient travailler avec les mêmes équipes lorsque le travail est bien fait.

3.1.6 Tout prévoir

C'est le travail du directeur et de son équipe rapprochée de tout prévoir. Pour cela, ils doivent poser les bonnes questions, obtenir les informations pertinentes, connaître tous les paramètres inhérents à l'évènement.

Le directeur de la sécurité doit penser à toutes les conséquences possibles des actes de chaque département qui composent l'organisation de l'évènement. La sonorisation désire installer une tour à cet endroit : est-ce que c'est dangereux pour le public ? Est-ce que le stationnement des médias peut mettre en danger le public ? Est-ce que les pompiers ou une ambulance auront accès facilement à tous les endroits du site ? Est-ce que les fils laissés par les techniciens peuvent causer un problème pour les gens du public ?

Chaque évènement est unique, mais les principes sont les mêmes pour tous les évènements. Il faut les mettre en pratique.

3.1.7 Les plans d'évacuations d'urgence

Je suis souvent sidéré lorsque je demande à un directeur de la sécurité de m'expliquer son plan d'évacuation d'urgence et qu'il se met à bafouiller, n'ayant pas vraiment mis d'insistance sur cet aspect de son travail.

Une évacuation d'urgence mal planifiée est parfois plus dangereuse que la cause elle-même de l'évacuation. Une foule paniquée est difficilement contrôlable. Un bon plan d'évacuation d'urgence est de mise. On peut demander l'aide des pompiers et de la police, ils ont des gens formés à ces tâches et ils apprécieront votre professionnalisme. La plupart des organisateurs d'activités ignorent ces procédures. Un bon plan doit comprendre des chemins d'évacuations accessibles avec un haut débit de circulation ainsi que des zones tampons sécuritaires. Chaque voie d'évacuation doit être justifiable et justifiée. Lorsque le directeur de la sécurité prépare un plan d'évacuation, il doit prendre conscience qu'il gère la vie des gens, qu'il n'y a pas place à l'erreur.

3.1.8 Établir de bonnes relations avec les autorités policières

Plus l'évènement est gros, plus il aura des conséquences sur la circulation automobile environnant le site. Si c'est le cas, le directeur devra communiquer avec les responsables de différents services afin de faciliter l'évacuation du site. Parfois, plusieurs corps de police peuvent participer à l'opération. Le directeur ne devrait pas être mal à l'aise de demander des conseils aux policiers. Plus vous référerez à eux souvent, plus il sera facile de travailler avec leurs services. De plus, si vous travaillez souvent ensemble, ils vous recommanderont probablement à d'autres organismes qui se cherchent des gens pour assurer la sécurité de leur évènement. S'il y a des autoroutes, la sûreté du Québec et un ou plusieurs corps municipaux pourront participer à l'opération. S'il y a des cours d'eau en présence, un travail avec la garde côtière et divers services de surveillance maritime devra se faire.

Il est important que les corps policiers soient au courant des heures de déroulement de l'évènement. Quelques milliers de voitures qui quittent le site en même temps peuvent parfois amener des problèmes. La coordination avec les forces policières devient alors primordiale. Le directeur devra également communiquer avec les services de la voirie afin de bloquer certaines artères, lorsque nécessaire. Naturellement, si des autobus circulent sur le site, le directeur devra rencontrer les responsables du transport par autobus afin de bien coordonner les opérations. Dans une foule, les gens ne voient pas les dangers que représentent autos et autobus. Ils deviennent négligents et les protéger contre eux-mêmes fait partie du travail de la sécurité.

3.1.9 Les qualités d'un bon directeur

Être bon communicateur
L'efficacité du directeur de la sécurité repose énormément sur sa facilité à communiquer. Que ce soit pour donner ses instructions à ses agents ou pour comprendre ce que ses agents veulent lui expliquer en situation de stress, être bon communicateur est primordial pour un directeur. Attention, il faut différencier une personne qui aime parler d'un communicateur. Le communicateur est celui qui sait donner de l'information de façon claire et précise et qui sait se faire obéir. Il aura occasionnellement à donner des entrevues aux médias. Il faut qu'il puisse filtrer l'information de manière pertinente. Comme il a été dit auparavant, cette communication doit s'étendre à tous les autres services de l'évènement. Le directeur doit être en bonne relation avec tous les secteurs de l'activité. Nul doute qu'un cours en communication est un atout majeur pour augmenter l'efficacité d'un directeur de la sécurité.

Être bon leader
Le directeur de la sécurité doit avoir la capacité de donner des ordres et se faire obéir rapidement sans discussion. Mais être bon dirigeant, c'est plus que cela. Il faut qu'il en arrive à ce que les gens aient le goût de lui faire plaisir. Qu'ils soient fiers de lui démontrer que leur travail est bien fait. Mais pour qu'il ait cette possibilité de lui démontrer, il faut qu'il puisse accéder au directeur.

Le directeur qui est consciencieux se promènera sur le terrain afin de prendre par lui-même le pouls de l'évènement. Il doit aller discuter avec ses agents le plus souvent possible, afin de créer ce lien de direction si nécessaire en cas de problème. Encourager et motiver ses troupes fait partie de son travail. C'est là que beaucoup de gens ont des problèmes à maintenir l'équilibre avec le fait de se rapprocher de leurs employés et le fait de se faire obéir instantanément par ces derniers. Des cours en gestion du personnel peuvent se révéler un atout important. Les agents sur le terrain souhaitent toujours connaître celui qui est en haut de la pyramide. À partir du moment qu'ils ont une idée de qui est le responsable, ils redoubleront généralement d'effort, car la connaissance du directeur développe le sentiment d'appartenance à l'organisation. Plus il y a de contact avec le directeur, plus les agents prendront leur travail au sérieux.

Avoir la capacité de prendre des décisions quand c'est nécessaire
Il est important pour un directeur de la sécurité d'avoir le courage de prendre des décisions importantes lorsque c'est nécessaire. J'ai déjà fait fermer une grosse artère de la ville de Québec durant presque deux jours, compliquant ainsi la vie d'un nombre incroyable de résidents. Lorsque l'on prend une telle décision, on se doit de pouvoir justifier notre décision sans laisser de faille possible à une quelconque argumentation. Que ce soit pour faire modifier un secteur (ce qui amène parfois une perte de rentabilité pour l'évènement), que ce soit pour faire fermer une rue ou pour n'importe quoi d'autre, lorsque la décision doit se prendre, il est important d'en assumer les conséquences. Un bon directeur de la sécurité doit pouvoir faire face à ses décisions sans oublier le pourquoi de sa présence, sécuriser les lieux, les gens et prévenir tout risque d'accident ou d'incident.

Savoir s'entourer de personnes qualifiées
Une seule personne ne peut tout faire. Il doit choisir les personnes qualifiées afin de le seconder dans son travail. Le directeur de sécurité, pour être efficace, se doit d'avoir les personnes ressources compétentes afin de l'appuyer dans ses tâches. Ces personnes doivent être suffisamment compétentes pour qu'il n'ait pas à s'inquiéter ou à revérifier le travail fait par ces indispensables collaborateurs. Ils doivent avoir un pouvoir de décision suffisant pour accomplir leurs tâches. S'entourer d'une bonne équipe n'est pas une tâche difficile. On n'improvise pas une équipe, on construit une équipe. Chaque personne doit avoir des paramètres bien définis. Si la structure est bien montée, et que chaque personne sait ce qu'elle a à faire, le directeur devrait pouvoir être en réunion, ou dormir paisiblement chez lui la nuit sans avoir à être dérangé constamment. Idéalement, le directeur de la sécurité doit avoir un adjoint sur lequel il peut se reposer entièrement. Le lien de confiance doit être total. En cas d'absence du directeur, c'est cet adjoint qui doit prendre les décisions et le directeur doit appuyer ces décisions. Lorsque l'on trouve une telle personne, on s'arrange pour la garder.

Être accessible
Les bons directeurs de sécurité d'évènements spéciaux sont généralement des gens accessibles. Dans le domaine de la sécurité, il n'est pas rare de voir des chefs d'équipe ou de secteurs, qui sont embarrassés d'aller discuter avec le directeur de la sécurité lorsque ce n'est pas dans le cadre d'une résolution de problème. Le directeur de la sécurité ne doit pas se donner une image de personne inatteignable. Il faut que ses subalternes prennent plaisir à discuter avec lui. Attention, il y a une marge entre prendre plaisir à discuter et prendre une cuite avec lui. Le directeur doit être proche de ses employés, mais suffisamment loin pour que ses subalternes lui vouent un certain respect.

4.0 CHOISIR LE BON AGENT

Dans un monde idéal, l'agent de sécurité devrait avoir reçu une formation complète donnée dans un collège ou une école qualifiée. Il devrait être formé pour accomplir une grande diversité de tâches, telle que l'exige la profession. Mais nous sommes encore loin de cette réalité. La plupart des agents ont peu ou pas de formation. Il faut donc être plus critique dans le choix des agents qui travailleront sur les évènements spéciaux.

Personnellement, lorsque j'engage un agent de sécurité, outre ses qualifications académiques, je regarde premièrement s'il possède les qualités nécessaires que requiert chaque tâche spécifique. Je ne monte jamais une équipe d'agents qui pensent et qui agissent de la même façon. Des nuances différentes permettent l'élaboration de solutions différentes. Chaque secteur a ses besoins particuliers requérants des compétences particulières. Dans un même évènement, il y a généralement plusieurs tâches complètement différentes qui requièrent des qualités et des compétences différentes.

Examinons ici différents postes requérants des aptitudes spécifiques. Naturellement, ce n'est pas une science exacte, mais en se donnant une ligne de conduite en fonction des besoins de chaque secteur, on peut s'épargner de lourds désagréments. Il faut cependant connaître les besoins particuliers que requiert chacun d'eux.

4.1 Les agents de périmètre

L'agent de périmètre a la tâche de protéger le site des entrées illégales. Il est généralement posté à l'intérieur ou à l'extérieur des limites du périmètre externe du site. Son travail est simple, il a pour tâche principale d'empêcher toute intrusion illégale dans le périmètre. Cette limite peut être dans certains cas naturelle ou artificielle. Si le terrain n'est pas délimité, l'agent de sécurité doit s'attendre à devoir courir après les intrus. Heureusement, ces espaces à découvert sans protection physique se font de plus en plus rares. De nos jours, lorsqu'il n'y a pas de barrière naturelle comme une falaise, ou un cours d'eau, on délimitera le périmètre à l'aide de différents types de clôtures.

Dans ses fonctions, l'agent de périmètre est celui qui est le plus susceptible de courir après des gens qui essaient d'entrer illégalement. L'agent qui occupe ce poste doit donc être en mesure de faire une course rapide lorsque c'est nécessaire. On évitera de poster un agent obèse, blessé ou trop âgé à un tel endroit. Ce qui ne veut pas dire qu'ils n'ont pas leur place en sécurité. Il s'agit de trouver le poste idéal pour eux. À partir du moment où l'on est susceptible d'intercepter des gens en infractions, il faut prévoir des voies et des plans d'expulsions rapides ainsi qu'une équipe d'escorte pour disposer de ces gens.

Il faut que l'agent de périmètre n'ait pas peur d'aller examiner son lieu de travail même si l'endroit n'est pas toujours facile d'accès. Mes agents de périmètres ont déjà intercepté des familles entières qui avaient découpé une brèche dans une clôture métallique. Ces bons pères de famille avaient simplement coupé un fil en diagonale sur la clôture. Cette ouverture ne paraissait pas du tout à l'oeil. Cette brèche avait été faite à un endroit particulièrement difficile d'accès, sur le bord d'une falaise à un emplacement potentiellement dangereux. De plus, les gens avaient à traverser un petit boisé d'aubépines pour pouvoir accéder au site. Certaines personnes sont prêtes à faire n'importe quoi pour ne pas payer. Mes agents dans ce périmètre se sont montrés très professionnels et ont poussé l'investigation dans les endroits les plus reculés du site, permettant d'attraper ces individus au sens moral peu développé. Ces gens enseignaient à leurs enfants comment frauder. Avant chaque évènement, les agents de périmètres devraient toujours vérifier manuellement les clôtures limitrophes du secteur afin de déceler de telles brèches. Dépendamment du site, cette inspection peut se révéler parfois un travail laborieux, mais cela fait partie du travail et il faut bien que quelqu'un le fasse. En prévoyant ces procédures de vérification, les intrusions sont ainsi limitées, ce qui facilitera grandement la tâche de la sécurité.

L'inspection minutieuse de kilomètres de clôtures sur ce site avait permis de repousser un nombre impressionnant de tentatives d'intrusion. Dans une des activités que je dirigeais, mes agents n'avaient pas peur de courir et je les ai toujours soupçonnés de faire occasionnellement entre eux des concours de celui ayant à son actif le plus grand nombre d'expulsions dans la soirée. La motivation, quelle qu'elle soit, est un facteur de réussite lors d'une telle sécurité. Il faut également que ces agents puissent faire preuve d'autorité, car ils auront à expulser des personnes qui ne seront pas toujours coopératives. Dans cette optique, il devient important que chaque agent ait un contact radio, sinon visuel avec d'autres agents afin de pouvoir porter main forte rapidement à un collègue en cas de difficulté. Il faut porter une attention particulière pour ne pas mélanger autorité et agressivité.

Si nous sommes dans l'obligation d'embaucher du personnel qui n'a pas d'expérience en sécurité et qu'il y a sur le site de grands espaces où les agents auront à courir, on peut faire du recrutement auprès d'écoles d'arts martiaux. Ces gens sont généralement en grande forme physique et capable de se défendre dans le pire des cas. Comme on les place dans le même secteur à protéger, on a déjà un esprit d'équipe avec des gens capables de performer. Il est évident qu'une bonne formation de base sera nécessaire pour leur faire comprendre les droits et obligations de l'agent de sécurité. L'entrevue sera également beaucoup plus resserrée afin d'éviter d'avoir des gens agressifs au sein de l'organisation. Ces gens se font généralement un point d'honneur à ne laisser passer personne et à courir sur de longues distances s'il le faut. Leurs partenaires sont capables physiquement de couvrir le poste laissé vacant s'il y a de nouvelles intrusions. Il est cependant important qu'ils fassent la différence entre de l'autodéfense personnelle et le contrôle d'un contrevenant. Il faut que le continuum de force leur soit bien expliqué afin d'éviter tout ce qui pourrait être une utilisation de force excessive.

Il ne faut pas oublier de dire aux agents qui occuperont ces postes d'apporter des chaussures en fonction du sol. Travailler sur l'asphalte est une chose, mais surveiller un périmètre les pieds dans quelques centimètres de boue, ça en est une autre. En bon professionnel, l'agent doit entrevoir la possibilité de passer la journée sous la pluie ou sous un soleil ardent et se munira en conséquence de l'équipement nécessaire au bon accomplissement de sa tâche. En aucun cas, il ne devrait déranger son supérieur pour des raisons inhérentes à la météo.

Dans une autre partie d'un site que j'avais à protéger, l'espace à découvert alternait avec de petits boisés et un terrain au relief accentué. Là encore, mes agents ont fait preuve d'initiative. Une règle militaire nous enseigne qu'il faut dominer les hauteurs. Dans un terrain découvert, un agent de sécurité mal placé ne peut que surveiller un endroit restreint. Mais s'il se place dans le bon angle, au bon endroit, il peut accomplir le travail de plusieurs agents. Il ne tentera pas l'interception lui-même si l'intrus est trop loin, mais avec un bon système de communication radio, il pourra faire intercepter facilement les belligérants. Il est toujours étonnant de voir avec quelle facilité certains individus réussissent à sauter une clôture de 8 pieds de haut dans le but de ne pas payer le prix d'entrée. L'expérience d'un bon chef de secteur dans le positionnement adéquat des agents est un atout majeur dans de telles situations.

Dépendamment de l'activité, les gens devront exercer des surveillances parfois un peu bizarres. Dans des évènements de spectacles pyrotechniques, on a retrouvé des gens qui arrivaient tôt le matin, avant la fermeture du périmètre, et qui grimpaient aux arbres. Ces personnes s'attachaient aux branches avec un harnais pour ne pas tomber. Ces gens passaient la journée juchés dans un arbre pour voir le feu d'artifice de très près. Comme ils s'installaient dans une zone de retombée, ils avaient l'impression d'être au cœur du feu d'artifice. Ces gens ne réalisaient pas qu'ils étaient dans une zone d'explosifs et que des retombées auraient pu les blesser gravement. Mes agents de périmètres avaient comme mot d'ordre d'inspecter les arbres et occasionnellement, on expulsait de telles personnes.

Lorsque le périmètre borde une autoroute et que le site n'est pas clôturé, il faut prévoir plus de personnel, car il n'est pas rare de voir des voitures arrêter en bordure, débarquer quelques personnes qui font une tentative d'intrusion éclaire. Certains soirs, nous devions ainsi repousser une centaine de personnes tentant de faire de tels débarquements. Le temps que les policiers viennent voir la voiture arrêtée, il était déjà trop tard, les gens étaient en mode intrusion. Plus le nombre de personnes est grand lors de telles tentatives, plus leur assurance augmente, et plus l'agressivité se fait sentir.

Si le périmètre côtoie une rue achalandée, il faudra également prévoir des risques de tentatives d'intrusion simultanées. Les gens comprennent vite qu'un agent ne peut être à deux endroits en même temps. Il faut donc placer le nombre d'agents nécessaire et si possible clôturer ce périmètre à risque. J'aime bien faire des rondes pour voir le positionnement de mes agents. En plaçant adéquatement les agents aux bons endroits, on a coupé de plus de la moitié les effectifs nécessaires à la sécurisation de certains secteurs, et ce, avec un taux de réussite augmenté. Le positionnement est un art que doivent développer les gens responsables de la sécurité.

Il ne faudra pas oublier de faire des rondes de relève afin de permettre aux agents d'aller aux toilettes de temps à autre. L'attention de l'agent est inversement proportionnelle à ses besoins corporels.

4.2 Les entrées secondaires

Plus le site est vaste, plus il peut y avoir d'entrées secondaires qui ne seront pas utilisées par le public. Des accréditations sont nécessaires pour avoir accès à celles-ci. Il faut que l'agent qui est à ce poste puisse faire preuve d'un minimum d'initiative. Sur un évènement spécial, une journaliste bien connue de Radio-Canada avait une entrevue à faire. Comme elle était en retard, elle voulut passer par une entrée secondaire située à environ 50 mètres de l'endroit où devait avoir lieu l'entrevue. L'agent en poste avait la consigne de ne laisser passer personne. Il appliqua cette directive avec une tolérance zéro. Ce n'était pas l'entrée destinée au média. Naturellement, la dame n'a pas eu accès à l'entrée. Voyant le temps qui passait rapidement, elle fit quand même une tentative en essayant de contourner l'agent de sécurité. Ce dernier agrippa la robe de la dame et la déchira dans l'altercation.

Un agent de sécurité à un tel poste doit faire preuve de jugement. Il doit avoir assez de caractère pour pouvoir juger de la situation. Un agent de sécurité qui se serait intéressé à l'actualité aurait reconnu immédiatement cette grande dame des médias. Le réflexe est de dire qu'il n'avait qu'à contacter son supérieur par radio, mais malheureusement, la complexité du site a fait en sorte qu'il n'y avait pas de radio disponible pour lui à ce moment précis. Le temps très court où s'est déroulé cet incident a probablement fait en sorte que son chef de secteur n'ait pas eu le temps d'intervenir.

Son supérieur aurait dû prendre un peu plus de temps pour mieux connaître son agent. Peut-être alors l'aurait-il positionné à un autre endroit. Un agent de sécurité doit parfois faire preuve de caractère et oser prendre de lui-même certaines décisions. La pire chose qui aurait pu arriver dans ce type de situation, c'est de perdre le prix d'entrée d'une personne si la dame en question avait menti sur sa nécessité d'entrer. Dans cette situation, l'agent aurait dû avoir assez de personnalité et de caractère pour oser prendre une décision. Personnellement, je laisse toujours un peu de latitude à mes agents. En cas de problèmes, je les défends toujours.

Demandez à n'importe quel agent qui a gardé des entrées secondaires si l'on a déjà essayé de l'acheter d'une quelconque façon, et il vous répondra probablement par l'affirmative. Ces gens reçoivent des offres monétaires, des faveurs à caractère sexuel, des offrandes d'objets divers et j'en passe. De plus, ses amis seront nombreux à lui demander certains privilèges. Le nombre d'agents qui cherchent à obtenir des avantages reliés à ce poste est malheureusement trop nombreux. Il faut donc choisir une personne intègre en qui l'on pourra avoir confiance. On évitera de placer le dernier agent en liste à ce poste si l'on a le choix.

L'agent attitré à une entrée secondaire prévoira de se munir de la liste de gens ou du type d'accréditation autorisé à entrer dans son secteur. Il devrait être assez autonome pour aller chercher l'information nécessaire au bon accomplissement de sa tâche avant de se présenter à son poste. Dans trop de cas, l'information est difficile à obtenir. Mais cette information est essentielle afin d'éviter toute situation conflictuelle possible. Une partie du secret de ce poste repose sur des communications efficaces et sur des agents capables d'oser prendre des responsabilités. La logique a toujours sa place.

Si l'on veut que les agents de sécurité apprennent à prendre des responsabilités, il ne faut pas les réprimander chaque fois qu'ils osent en prendre. Son supérieur hiérarchique devrait prendre le temps de discuter avec lui et d'analyser la pertinence de cette prise de décision. L'agent que l'on forme de cette façon, deviens de plus en plus professionnel et tout le monde y gagne.

4.3 Les entrées principales

L'entrée principale est généralement le premier contact qu'a le public avec l'évènement. Le public doit savoir à ce moment précis qu'il existe un dispositif de sécurité veillant au bon déroulement des activités. C'est la première étape pour dissuader les gens de devenir des éléments perturbateurs lors du déroulement de l'évènement.

L'agent sera choisi en fonction du type d'évènement. Un spectacle rock utilisera des agents de plus forts gabarits afin d'imposer tout de suite le ton de la sécurité qui est mise en place. Un spectacle familial pourra quant à lui jouer une carte mixte, où certains agents plus costauds seront visibles, mais plus en retrait. Dans tous les évènements, les agents de sécurité seront questionnés sur le déroulement de l'évènement. Un minimum d'informations doit donc leur être communiqué sur le déroulement des activités, car ils seront fréquemment sollicités par le public sur les dates, les heures de présentation et tout ce qui se déroule durant la journée.

Cette première ligne de défense doit être en mesure d'aiguiller les gens aux bons endroits en cas de problèmes. Normalement, dans les évènements spéciaux, il y a des préposés à l'accueil. Ce sont eux qui ont mandat de fournir l'information. Mais même si ce n'est pas le rôle de l'agent de sécurité, cette interaction avec le public ne pourra qu'être appréciée par les gens de l'organisation. Il ne faut cependant pas que cela nuise au travail de l'agent.

Les agents doivent être capables de répondre clairement aux questions qui leur sont posées. Un agent qui peine à articuler quelques mots ne devrait pas se trouver sur ce premier périmètre. Les agences qui prennent des contrats d'évènements spéciaux devront faire le nécessaire pour préserver l'image de leur employeur. Des agents capables de communiquer efficacement sont essentiels à ces endroits stratégiques, ils doivent permettre de démontrer de l'efficacité et du professionnalisme. On doit être conscient de l'image qu'ils projettent aux gens qui arrivent sur les lieux de l'évènement. L'organisation de la sécurité doit pouvoir gérer l'image nécessaire au type d'évènement.

C'est également à l'entrée que les gens découvrent qu'ils ont oublié leurs billets, ou bien qu'il y a eu erreur. Il n'est pas rare de voir des gens se mettre à crier et perdre le contrôle. C'est le rôle de l'agent de sécurité à ce poste d'intervenir rapidement afin de désengager l'escalade d'agressivité engendrée par la situation. La sécurité doit toujours garder un œil sur la billetterie afin d'assister le personnel lorsqu'un client n'est pas satisfait. Afin de désamorcer rapidement ce genre de situation, les agents doivent savoir rapidement vers où diriger le client insatisfait et avec qui le mettre en contact pour résoudre le différend le plus rapidement possible.

Les agents d'entrées principales doivent également être en mesure de gérer les passages de véhicules d'urgence ou autres, lorsqu'il n'y a pas d'autres accès possibles. L'agent responsable de ce poste doit avoir assez d'autonomie pour juger des mesures à prendre lorsque nécessaire. Un chef de secteur efficace devra être sur place pour gérer les agents s'ils sont nombreux. En aucun cas, on ne peut laisser un agent de sécurité dans une phase d'incertitude. Le chef de secteur devra prendre rapidement les décisions indispensables au besoin. Il faut qu'il soit vif d'esprit et ait de la facilité à résoudre les problèmes lorsqu'ils se présentent. Idéalement, il doit être en mesure de prévoir les problèmes afin qu'ils n'arrivent jamais.

On devra penser à avoir plusieurs femmes œuvrant dans ces secteurs. Elles ont généralement davantage de facilité à éviter l'escalade d'agressivité que les hommes. De plus, si l'évènement est familial, elles donnent une impression de sécurité qui est différente de celle des hommes. Il faut que le public ait envie de revenir régulièrement à ces festivités.

Généralement, l'entrée sur les sites d'évènements spéciaux se fait graduellement. Les gens arrivent tôt, ils ne sont pas pressés. Mais il en va autrement lorsque le spectacle est terminé. Les agents de ces secteurs ont alors fort à faire. Tout le monde désire sortir en même temps, et c'est pire s'ils sont en voitures. Il est fréquent de voir des agents de sécurité se faire foncer dessus par des conducteurs trop pressés. Les agents en postes aux sorties doivent être en mesure de planifier et de gérer ces sorties tumultueuses.

Il est fréquent que les agents de sécurité aient à modifier la topologie du lieu de sortie. On utilisera plus de clôtures pour guider la foule hors du chemin des voitures. On empruntera des agents à d'autres secteurs afin d'avoir un meilleur contrôle. On pourra rajouter si nécessaire du ruban danger afin de se sécuriser tant du point de vue de l'assurance que du point de vue de la gestion du public. Bref, on devra dans plusieurs cas, transformer l'aire de sortie de manière à la rendre la plus sécuritaire possible.

4.4 Les patrouilleurs sur le site

La sécurité doit être visible et facilement accessible pour le public. Un évènement où les gens du public ont peine à trouver un agent de sécurité ne fait pas sérieux. Les agents doivent être visibles tout en restant discrets. On peut jouer la carte quantitative en employant un grand nombre d'agents. Mais plus ils sont nombreux, plus la sécurité coûte cher. On peut également disposer nos gens à des endroits stratégiques qui seront facilement repérables pour le public. Chaque patrouilleur a une zone qui lui est attitrée. Il est important que ses supérieurs puissent le récupérer rapidement sans devoir le chercher longtemps même dans une foule dense. Pour cette raison, il est important que l'agent posté dans un secteur donné demeure dans sa zone de travail. Il est trop fréquent de voir des agents aller discuter avec l'agent du secteur voisin, laissant ainsi sa zone de travail sans surveillance.

Le patrouilleur a la tâche de veiller à ce que tout se déroule calmement sur le site. Il doit apprendre à déceler les cas problèmes avant même qu'ils surgissent. Avec le temps, il doit apprendre à analyser les comportements des individus qui composent la foule ainsi que des groupuscules qui se forment au travers de la foule. Il doit pouvoir enregistrer mentalement le visage des gens qui pourrait potentiellement devenir problématique afin de bien les garder à l'œil.

Il doit veiller à ce qu'il n'y ait aucun comportement dissident dans son secteur. C'est lui qui doit intercepter les gens que la fouille de boisson ou de drogues n'aura pas détectés. Il doit être en mesure de prévoir les gens qui risquent de devenir agressifs lorsqu'il y a trop grande consommation d'alcool. Il doit veiller à ce que les zones interdites soient respectées. C'est également lui qui interdira aux enfants de courir sur le site afin d'éviter les risques de blessures. Il aura également pour tâche de surveiller toutes les déviances vestimentaires que peuvent faire certains individus.

Le patrouilleur portera attention à tout ce qui peut faciliter la sécurité des gens sur le site. S'il y a une femme enceinte, il devrait être en mesure de lui indiquer un endroit plus confortable en cas de problèmes ou de coup de chaleur. Ce sont de petits gestes de courtoisie, qu'une grande partie des gens aux alentours remarqueront à coup sûr. Il doit pouvoir analyser les problèmes de déplacements des gens afin d'apporter les correctifs nécessaires lors des prochaines journées d'activités. Il doit être en mesure de signaler à son supérieur tous les points faibles de son secteur qui pourraient être problématiques en cas de panique ou d'évacuation d'urgence. Il doit également être sensibilisé à tout ce qui pourrait causer des blessures.

Il se doit de connaître toute la topographie de son secteur. C'est effectivement monotone et routinier de travailler dans le même secteur pour un agent de sécurité. Mais la priorité n'est pas à ses états d'âme, mais à l'efficacité générale du système de sécurité sur le site. Une trop grande rotation des agents d'un secteur à l'autre rend l'agent moins efficace en cas d'intervention d'urgence. Il faut d'un autre côté s'assurer que l'agent ne sombre pas dans les abîmes de la routine. Au

Japon, il y a des policiers de quartier qui portent le gentil nom de « omawari san », c'est-à-dire « le monsieur qui tourne en rond ». Ce policier passera une bonne partie de sa carrière dans le même quartier. Comme les numéros de porte ne se suivent pas au Japon, il est le seul avec le marchand de riz, à connaître tout le monde du quartier. C'est le seul qui peut réagir rapidement pour guider les secours en cas de séismes ou d'une quelconque tragédie. Le travail de ces policiers est orienté en direction de la sécurité du public et non en celui de l'égo du policier et de ses états d'âme.

Lorsque l'évènement est familial, dans le secteur à plus haute densité de spectateurs, je choisis généralement une femme comme responsable de celui-ci. Cela m'a toujours bien réussi. Il est cependant important de choisir la bonne personne. Ce n'est pas tout le monde qui a un talent de leadership naturel. Celle qui occupe ce poste doit savoir se faire obéir de ses subordonnés. Si elle occupe ce poste, c'est qu'elle possède toutes les compétences nécessaires à la direction d'un tel poste de commandement. Elle est le dernier échelon entre des spectateurs non satisfaits et l'organisation de l'évènement.

Lorsque la situation dégénère et qu'on monte dans la hiérarchie, les gens restent généralement surpris de constater que la personne qui dirige est une femme. Dans la plupart des cas, la conversation peut être alors reprise intelligemment avant d'en arriver à des expulsions définitives. Il ne faut pas oublier que la sécurité est là pour protéger les gens, mais aussi pour aider à l'image des organisateurs et aussi des commanditaires de l'évènement. Il est important de minimiser le nombre de plaintes envers l'évènement.

Le patrouilleur de secteur doit être en mesure de donner des réponses pertinentes aux gens du public. Il doit être en mesure de donner des réponses logiques aux arguments de type « c'est stupide qu'on ne puisse rester ici… ». Une bonne connaissance de son secteur et une bonne connaissance de la stratégie à utiliser peuvent faire en sorte que la journée se passe sans problèmes. Il faut qu'il sache exactement en quoi consiste sa tâche. Son rôle n'est que d'interdire le passage aux gens, alors il faut qu'il puisse justifier judicieusement la raison de l'interdiction du passage en question. Personne n'aime qu'on le prenne pour un imbécile. Il est important que l'agent puisse lui fournir des raisons logiques expliquant le non-accès au lieu. Cette procédure est plus laborieuse pour l'agent, mais ainsi, le client se sentira respecté.

4.5 Le contrôle des boissons

Lorsque l'évènement se déroule à l'extérieur, les gens ont tendance à vouloir apporter leurs propres boissons alcoolisées, gazeuses ou jus, ce qui entre en conflit avec l'organisation qui a généralement ses propres revendeurs pour ces produits. Un contrôle à l'entrée devient nécessaire.

Les agents du contrôle de boissons doivent pouvoir se faire respecter tout en faisant preuve de tact et d'entregent. Ils doivent fouiller les effets des gens tout en respectant les lois en vigueur concernant la fouille. Il ne faut pas oublier d'afficher à l'entrée les règles concernant les boissons sur le site afin que les gens qui se font saisir ou retourner leurs boissons ne puissent pas argumenter. Il est important de prévoir un endroit où les gens peuvent récupérer les objets confisqués. L'organisation responsable de la sécurité doit se renseigner sur l'aspect légal d'une telle fouille. Elle doit connaître les limites d'une telle procédure.

Il est vraiment difficile de trouver des gens compétents capables de faire une fouille efficace. Beaucoup sont trop tolérants alors que d'autres n'ont pas le coup d'œil nécessaire à dépister les cachettes originales. Il est souhaitable d'avoir au moins une personne par poste qui parle anglais ou une autre langue seconde.

4.6 Protection de la scène durant un spectacle

Lorsqu'il y a prestation d'artistes sur scènes, les agents de sécurité protégeant cette scène doivent être en mesure de repousser rapidement les admirateurs un peu trop passionnés. Il va sans dire que des agents plus en muscles seront appréciés à cette tâche. Ils doivent être dissuasifs sans être agressifs. Les agents qui occupent ce poste sont devant les caméras. Ils sont devant les gens qui pourront témoigner contre eux en cas de poursuites judiciaires. Il faut donc que les techniques utilisées démontrent le moins d'agressivité possible. C'est là qu'il devient important de posséder de bonnes techniques d'intervention physique qui respectent les niveaux du continuum de force et qui seront justifiables et défendables en justice.

Il existe des principes et des techniques pour repousser ou contrôler une personne lorsqu'il y a des témoins ou des caméras. Les agents qui sont le plus susceptibles de travailler dans ces conditions devraient toujours recevoir une formation sur la manière d'agir ou de réagir devant les caméras ou un groupe de témoins. Cette formation peut faire toute la différence entre une cause perdue ou gagnée devant les tribunaux. Les agents à ce poste doivent se faire discrets dans la plupart des spectacles lorsque le public est docile. Ils doivent cependant démontrer une attitude dissuasive lorsqu'on a affaire à un public plus agressif, qui désire s'approcher de leurs idoles. Les agents ont besoin d'un écouteur pour leur radio, sinon toute réception de message devient impossible. De plus, dans le bruit, un micro de gorge est fortement conseillé.

La sécurité doit également se plier aux demandes spéciales de l'organisation lors de spectacles. Certains artistes demanderont une sécurité très apparente alors que d'autres n'en voudront pas ou peu. Il faut connaître à l'avance toute demande spéciale concernant ce type d'opération.

4.7 Le travail de nuit

Sur un poste de nuit, qui constitue généralement du gardiennage, il est important d'avoir de bons agents, mais également de très bons responsables. Les problèmes mineurs devraient toujours pouvoir se régler la nuit même. Un rapport signalera cependant les incidents. Il faut que le poste de commandement soit au courant de tout ce qui a pu arriver durant la nuit. On imagine mal un directeur de la sécurité qui se fait reprocher un manquement sans savoir de quoi il s'agit. Ce dernier ne doit jamais faire preuve d'ignorance sur ce qu'ont fait ses troupes.

À peu près toutes les agences de sécurité ont surpris des agents à dormir sur leur quart de travail. Trouver des personnes fiables qui sauront résister à la tentation n'est pas toujours facile. En sécurité il n'est pas rare que les gens aient deux emplois ou soient aux études en même temps. Il faut s'assurer que l'agent de nuit se consacre uniquement à cette tâche. Si l'évènement requiert plusieurs agents pour le service de nuit, ça sera la tâche du responsable de veiller à ce que les troupes demeurent alertes.

Il faut également que les agents travaillant de nuit puissent prévoir une tenue vestimentaire adéquate. Il n'est pas rare de voir des agents geler une partie de la nuit parce qu'ils avaient sous-estimé la météo. Il est également trop fréquent de voir des agents sans imperméable, qui sont surpris par des pluies diluviennes. Le responsable de nuit doit être capable de prendre des décisions. Il doit être autonome afin de ne pas passer son temps à réveiller ses supérieurs à chaque problème. Il doit pouvoir effectuer ses rondes afin de s'assurer que ses agents font bien leur travail. Il doit s'assurer que les radios ne seront pas en panne de batteries.

Lorsque le site à surveiller est grand, on peut utiliser des véhicules motorisés, s'il y en a. Beaucoup d'évènements utilisent des voiturettes de golf qui ne sont pas utilisées la nuit. Naturellement, si elles sont électriques on devra les laisser sur le chargeur. Mais si elles sont à essence, on prévoira en faire la demande lors de l'évaluation du contrat. De cette façon, les agents peuvent couvrir beaucoup plus de terrain. Il ne faut pas oublier d'en refaire le plein avant de quitter les lieux. Cela permet d'éviter beaucoup de frustration aux autres secteurs de l'activité qui auront à utiliser ces voiturettes.

4.8 Les chefs de secteur et d'équipe

Si le site est divisé en secteurs, des chefs d'équipe ou de secteur devront diriger les gens sur place. Entregent, leadership, débrouillardise sont indissociables de ce poste. Dans la chaîne de commandement, c'est à eux que s'adressent les agents de première ligne. Ils doivent avoir un certain pouvoir de décision. Ils sont les premiers à arbitrer une situation tendue entre la clientèle et un agent. Ces personnes doivent avoir une belle présentation, car ils représentent l'autorité, l'image de l'évènement. Il est primordial que ces gens imposent le respect (à ne pas confondre avec la peur). Une bonne connaissance des lois et des règlements de l'évènement ne sera pas du luxe. Ils doivent pouvoir justifier chaque interdiction qui sera imposée au public. Un minimum d'habileté à communiquer est nécessaire à ce niveau.

Ils se doivent de bien connaître le secteur qui leur est attitré. Ils doivent attribuer les postes aux agents en fonction de leur capacité. Ils peuvent également participer à l'évaluation logistique des besoins du secteur. La chaîne de commandement passe nécessairement par eux lorsqu'un agent de terrain a besoin d'informations.

Idéalement, ces gens devraient avoir une bonne connaissance de l'emploi de la force, du continuum de force et des lois qui entourent le pouvoir d'arrestation. Ils sont la référence des agents sur le terrain. Ils doivent être en mesure de pouvoir répondre et de renseigner les agents sur toutes les questions légales concernant une intervention sur le terrain. Il n'est pas rare de voir des étudiants de techniques policières de deuxième ou troisième année occuper ces postes de chefs de secteurs ou d'équipe. Un rapport quotidien peut être demandé, surtout s'il y a eu un incident.

4.9 La place des femmes

Il n'y a pas assez de femmes dans la sécurité des évènements spéciaux. Les femmes sont généralement plus méticuleuses que les hommes. Elles arrivent souvent à désamorcer des situations tendues là où les hommes échouent. Il faut cependant qu'elles évitent le langage plus agressif. Les agents féminins ont souvent tendance à utiliser davantage l'humour que les hommes. Ça leur réussit généralement bien. Je les ai vues fréquemment désamorcer des situations tendues, là où les agents masculins étaient sur le point d'en venir aux coups. Naturellement le type d'évènement joue énormément. On utilise moins de femmes sur un évènement où il y a constamment du contrôle physique à prévoir. Par contre pour des évènements familiaux, elles sont indispensables. Comme pour n'importe quel agent, une tenue présentable est nécessaire. Elles doivent également travailler avec les cheveux plus courts ou bien attachés afin d'éviter qu'un contrevenant ne les utilise contre elles.

4.10 Les zones à autorisations restreintes

Certains agents ont parfois la tâche de restreindre au public l'accès à certaines parties du site. Ce sont souvent des endroits de choix, qui sont réservés à une élite. Fréquemment, plusieurs personnes du public désirent s'installer à cet endroit. L'agent en poste à cet endroit doit être en mesure de garder son calme à tout moment. S'il perd le contrôle de la situation, que quelques personnes réussissent à s'introduire dans cet espace, il devient alors souvent difficile de les en déloger. D'autres personnes du public voudront avoir le même accès.

Les agents postés à cet endroit doivent penser vite. Les gens du public trouveront toutes sortes d'arguments pour aller à ces endroits. L'agent doit donc être assez autoritaire pour refuser tout accès. Il doit également avoir un bon sens de l'humour. Le public lui fera toutes sortes de blagues concernant son travail. Il doit pouvoir juger rapidement du moment où une intervention physique est nécessaire afin de récupérer les contrevenants. Il faut toujours être prêt à envoyer du « back-up » à ces agents qui sont dans des postes sensibles. Eux-mêmes n'auront généralement pas le temps d'appeler du renfort lorsque c'est nécessaire. Il est bon qu'un autre agent ait mandat de vérifier occasionnellement si ces agents, aux secteurs problématiques, ont besoin d'aide.

4.11 Connaître son personnel

Sur les évènements spéciaux comme sur les contrats réguliers de sécurité, les dirigeants n'ont généralement aucune idée des compétences des agents qu'ils utilisent. Dès que l'on parle de sécurité dans une foule, bien connaître les ressources qu'ils ont sous la main peut devenir un atout indispensable. Un agent de sécurité qui parle trois langues et qui doit aller surveiller une clôture dans un endroit isolé est un très mauvais placement en terme de gestion du personnel. Un bon gestionnaire en sécurité devrait toujours savoir quels sont les membres de son personnel qui parlent une ou plusieurs langues et à tout moment savoir où se trouve l'agent s'il en a besoin en cas de problème.

Il m'est arrivé à plusieurs reprises d'avoir à intervenir auprès de personnes ayant des troubles auditifs. Avoir quelqu'un sous la main qui est capable de parler le langage des sourds permet de régler la situation beaucoup plus rapidement et efficacement. S'il n'y a personne qui parle ce langage, les responsables de secteurs et même les agents s'ils sont professionnels, pourront utiliser un petit carnet de notes pour pouvoir communiquer.

On ne peut pas parler toutes les langues. On peut cependant prévoir un livre multilingue de dépannage. Il ne servira pas très souvent, mais le jour où l'on en a besoin, on appréciera cet investissement. Prendre le temps de regarder le CV des agents et voir quelles formations ont les agents peut parfois être utile. Une personne qui a une formation en délinquance ou en rapport avec la jeunesse peut être un bon atout dans l'équipe. J'ai déjà eu comme employé un ancien travailleur de rue qui a su désamorcer rapidement une situation mettant en cause un jeune qui était en crise sous l'effet de la drogue. Pour les évènements d'été, on peut recruter des étudiants en interventions de délinquances et autre travail connexe avec la jeunesse. Ces gens possèdent déjà un peu de formation pour travailler avec les jeunes à problèmes. De plus, pour eux, c'est déjà une très bonne expérience à mettre à leur CV.

Faire la liste des talents des agents nous permet d'utiliser pleinement les ressources qui sont à notre disposition. Voici quelques éléments que l'on peut identifier en feuilletant le CV de nos agents :

- Qui possède le plus d'expérience parmi vos agents ?
- Qui parle anglais, espagnol ou autres ?
- Qui comprend le langage des sourds ?
- Qui a de la formation avec les personnes handicapées physiques et mentales ?
- Qui a de la formation en psychologie ou même psychiatrie ?

- Qui a son cours de premier répondant ?
- Qui a un cours sur la gestion des clés ?
- Qui a de la formation sur les systèmes d'alarme ?
- Qui a de la formation sur la gestion des systèmes de surveillance ?
- Qui a de la formation sur la rédaction de rapport ? (Il peut aider les agents à faire des rapports clairs)
- Qui a fait sa technique policière dans le personnel ?
- Qui a déjà dirigé des gens au travail ?
- Qui a de la formation en incendie ?

4.11.1 Avec ou sans arme

Pour certaines situations, est-ce que les agents peuvent travailler armé lorsque la situation est plus à risque ? Est-ce qu'on autorise les agents à posséder un bâton télescopique, des menottes et divers outils ? Si oui, il faut s'assurer que ces gens possèdent les qualifications nécessaires pour l'utilisation de ces outils. Si c'est interdit de la part des gestionnaires de l'activité, le responsable de la sécurité doit s'assurer que ses hommes suivent les règles.

Les armes sont là pour sécuriser l'agent de sécurité. Ce sont des outils lui assurant une plus grande autonomie et de ce fait, lui donnant une plus grande confiance en soi. Si le port d'un PR-24® ou d'un bâton télescopique donne une image plus professionnelle pour l'agent de sécurité, cette image peut parfois indisposer certaines personnes dans une activité à caractère familiale. Il est facile d'associer ce besoin d'agents ainsi équipé à un risque de violence sur le site. De plus, nous pouvons voir occasionnellement des agents qui ont tendance à un peu plus d'arrogance dès qu'ils portent un bâton au ceinturon. Il ne faut jamais oublier que lors d'évènements spéciaux, le principal outil de l'agent est sa parole.

4.11.2 Se méfier des CV trop beaux

Tous les dirigeants se sont fait avoir un jour ou l'autre par un agent de sécurité qui se présente avec un CV impressionnant. Il faut se poser la question : pourquoi un agent si compétent, a-t-il travaillé pour tant d'agences ? Lorsque, l'on a un bon employé, on s'organise pour le garder. Deux des pires agents que j'ai vus dans ma carrière possédaient un CV digne de mention. Bonnes références d'agences avec lettre de recommandation fournies. Il faut prendre le temps de discuter davantage avec ces gens si l'on ne veut pas avoir de désagréables surprises aux conséquences irréparables.

4.11.3 Les croyances et opinions

Il est important que l'agent garde ses croyances religieuses, politiques ou même sexuelles pour lui. J'ai déjà eu un agent masculin qui discutait avec un homme qui lui demandait de l'information. La foule était dense autour d'eux. Sans donner signe de ce qu'il allait faire, l'homme s'avança rapidement et l'embrassa sur la bouche. Heureusement, mon agent possédait un esprit ouvert. Il repoussa simplement l'homme et lui dit «monsieur, vous venez de m'agressez». L'homme s'excusa et la situation était close. Mon agent n'était pas homosexuel, il n'avait pas vraiment apprécié ça. Or, il était intelligent et savait qu'il ne pouvait rien n'y faire, l'action avait été posée.

Imaginez maintenant la même scène avec un agent homophobe. La situation dégénérerait à une vitesse incroyable. Dans une foule aussi dense, il y aurait probablement eu d'autres personnes pour semer la pagaille. Que ce soit dans une situation comme celle-là ou pour une situation à caractère religieux, il faut que l'agent puisse contrôler ses émotions quelles que soient ses convictions.

Dans une foule, les agents féminins ont souvent à vivre avec des individus aux mains baladeuses. Personnellement je n'ai jamais réprimandé une de mes agentes qui avait remis un tel individu à sa place. Au contraire, j'approuve l'expulsion de ces individus, car ils ne se contenteront pas de tâter uniquement les agents même si le prestige de l'uniforme les fait fantasmer.

Imaginons qu'une dame islamiste tente de passer dans un endroit interdit et que l'agent l'agrippe, quelles seront les conséquences de ce geste? Dans une telle situation, l'agent doit prévoir et se positionner de manière à barrer le passage et non à être réactif. Mais peu importe la réponse, si l'agent est raciste, la réponse sera plus agressive. Alors que ce soit pour raison de couleur de la peau, de religion, politique ou de toute autre conviction, l'agent doit pouvoir passer outre ses propres préjugés.

4.11.4 En résumé

Il est important de choisir la bonne personne pour le bon endroit même si l'agent n'est pas toujours d'accord avec ce choix. Généralement, les gens désirent des postes plus gratifiants, même s'ils ne réalisent pas qu'ils n'ont pas toujours la compétence pour remplir les tâches que requièrent ces postes.

Il faut se rappeler que l'agent n'est pas le patron. C'est vous qui décidez à quel endroit vous allez l'utiliser. Par contre, il n'est pas interdit à l'agent d'essayer de se vendre pour obtenir une meilleure situation. Profitez de cette argumentation pour pousser l'agent dans ses derniers retranchements.

Pourquoi est-ce que vous seriez meilleur qu'un autre à cet endroit? Pourquoi désirez-vous travailler pour nous? Vous désirez un poste de chef de secteur, quels sont vos compétences qui justifieraient ce poste? N'hésitez pas à poser des questions qui pourront l'embarrasser lors d'une entrevue. L'entrevue est un outil extraordinaire pour connaître les gens. Il ne faut surtout pas négliger cet aspect du travail, il faut prendre le temps nécessaire pour accomplir cette tâche, qui n'est pas toujours agréable.

LES OUTILS NÉCESSAIRES

5.0 LES ACCRÉDITATIONS

Chaque activité possède généralement son système d'identification rapide basé sur de petites cartes plastifiées que l'on nomme accréditation. Plus l'évènement est gros et sur une longue durée, plus la gestion des accréditations devient importante et généralement plus complexe à gérer. On peut retrouver toute une multitude d'accréditations de différents niveaux selon l'évènement.

L'organisation de l'évènement s'occupe habituellement de la gestion des accréditations. Ce sont eux qui ont la tâche de remettre les accréditations aux bonnes personnes en fonction des besoins des gens sur le site de l'activité. Plusieurs systèmes existent selon les impératifs, avec ou sans photos, par code de couleur ou simplement par code-barres ou autre signalisation informatique. Les gestionnaires de la sécurité doivent donner le plus tôt possible aux gens de l'organisation les noms du personnel de la sécurité ainsi que le niveau de sécurité dont ils auront besoin afin d'accomplir leurs tâches.

Si le site comporte des zones à risques comme des courses automobiles, des activités aériennes, ou des feux d'artifice, il y aura alors plusieurs zones à autorisation très restreinte. Ces zones ne peuvent généralement être pénétrées que par des gens qui possèdent les compétences nécessaires, comme un artificier dans les zones où sont entreposés les explosifs et où sont situées les rampes de lancement. Il faut à ce moment que l'autorisation puisse identifier rapidement, qui a accès à ces zones restreintes.

Les agents de sécurité doivent être en mesure d'identifier instantanément chacun des niveaux d'accréditation existant sur le site. Le poste de commandement doit donc s'assurer d'avoir un échantillonnage de tous les modèles de cartes d'accréditations utilisés durant l'évènement afin que les agents présents sur le site puissent se familiariser avec les différents niveaux d'autorisations. Il faut que les agents puissent identifier visuellement chaque catégorie sans avoir à se déplacer à chaque fois pour effectuer une vérification.

5.1 L'accréditation des agents de sécurité

Les accréditations décernées aux gens de la sécurité doivent être facilement identifiables par les gens du public. On ne doit pas se fier uniquement à l'uniforme pour identifier nos agents. Le mot « sécurité » devrait toujours être clairement inscrit en gros caractères. En caractères plus petits ou par diverses signalisations, on devrait pouvoir identifier les niveaux d'autorisation permis aux agents de sécurité, de savoir à quelles zones ils peuvent avoir accès et quels secteurs leur sont refusés, malgré leur statut d'agent de sécurité.

Tout au long de l'évènement, la sécurité aura à côtoyer chacun des autres secteurs d'activités. Il ne faut pas que la sécurité donne un sentiment d'injustice face aux autres acteurs de l'évènement. Par exemple, dans l'un des sites que je dirigeais, il y avait un téléphérique pour monter sur la falaise. Ce téléphérique était bondé de gens du public qui payaient un bon prix pour avoir droit à la vue panoramique qu'offrait ce moyen de transport. Outre les directeurs de sécurité, seuls les chefs de secteur et d'équipe des zones desservies par ce téléphérique possédaient une accréditation pour avoir un accès prioritaire afin de se rendre dans leurs secteurs. Lorsqu'il n'y avait pas urgence, ces agents attendaient patiemment dans la file comme tout le monde, histoire de maintenir les bonnes relations avec les gens des autres secteurs, qui n'avaient pas ces privilèges. Il faut éviter les abus dus aux privilèges qu'offre parfois le rôle d'agent de sécurité. Mais lorsque c'est urgent, il faut savoir également faire preuve d'autorité et utiliser ces outils lorsqu'ils sont disponibles.

5.2 Sans accréditation

Vous aurez beau avoir le meilleur système de gestion des accréditations au monde, il y aura toujours quelqu'un pour oublier son accréditation. D'autres personnes prendront souvent soin de ne pas porter leur accréditation, se croyant au-dessus de tout ça. Malheureusement, ces derniers ont des privilèges et ils ne se gênent pas pour les utiliser. Pour beaucoup de personnes, utiliser cette autorité privilégiée est une excellente façon de se valoriser. « Je suis tellement important que je n'ai pas besoin de m'identifier. »

Il est important que les gestionnaires de la sécurité aient un système secondaire pouvant contourner le contrôle normal des accréditations. Le moyen le plus simple consiste à demander à l'organisation d'avoir une copie des noms des gens et de leurs coordonnées. Par radio, un agent pourra demander à la base de vérifier si la personne en question se trouve bel et bien sur les listes d'accréditation. La procédure est quand même rapide si la liste est laissée toujours au même endroit. Elle doit être facilement accessible. Idéalement, tout devrait être sur papier, mais également sur ordinateur afin d'augmenter la vitesse de consultation des documents identifiant les gens possédant accréditations et autorisations. On pourra y trouver les coordonnées de ces personnes afin de s'assurer que l'on a affaire aux bonnes.

Que ce soit pour se donner de l'importance ou par ignorance, les têtes dirigeantes des évènements spéciaux (qui sont généralement les propriétaires de l'évènement), ont tendance à ne pas traîner leurs accréditations avec eux. Conséquemment, il peut s'avérer très utile de laisser une photo ou, du moins, d'indiquer aux gens qui gèrent les entrées, qui sont ces personnes privilégiées. Si l'agent laisse entrer l'une de ces personnes, il doit la saluer en disant son nom de façon à ce que l'organisateur sache qu'on l'a laissé entrer par connaissance de cause et non par erreur. Ces gens-là apprécient énormément le fait qu'on les reconnaissent et, de ce fait, se sentent plus proches de l'organisation de la sécurité.

5.3 Les journalistes

Beaucoup de gens des médias se croient au-dessus des règles de fonctionnement lors des évènements spéciaux. Ils n'ont pas tort, car ils sont des atouts précieux pour la publicité positive qu'ils peuvent faire à l'évènement. Malheureusement, beaucoup d'entre eux usent de ce privilège à des fins personnelles. De ce fait, plusieurs évènements n'acceptent que les journalistes qui sont officiellement attitrés à l'évènement. Il faut donc être sûr de la politique qu'entendent prendre les organisateurs de l'évènement sur ce sujet délicat. On doit prévoir le sort que l'on réservera aux journalistes qui se présenteront sur les lieux sans avoir demandé d'accréditation à l'avance.

Personnellement, sur un évènement, je connaissais tous les journalistes réguliers. Ma photo n'a jamais paru nulle part, mais je sais que ces gens m'appréciaient. Un simple bonjour peut changer la dynamique de la perception du journaliste sur l'évènement. Ces gens savaient qu'ils pouvaient compter sur moi si jamais ils avaient des besoins particuliers. Ils savaient également que je demeurerais toujours dans les limites du raisonnable. Encore une fois, même si officiellement ce n'est pas la tâche de la sécurité de courtiser les médias, ça ne me coûtait rien pour le faire et de plus, ces contacts peuvent toujours être utiles, on ne sait jamais. Mais le but premier est de bien faire paraître l'évènement et non de se faire du capital politique.

5.4 Les commerçants

Presque tous les évènements spéciaux permettent la vente de boissons alcoolisées, de nourriture ou autres sur le site. Au sein de ces commerces, il y a fréquemment des rotations de personnels. Il est fréquent, lorsque ces gens se déplacent, que ce soit en mode urgen. Que ce soit par manque de produits au kiosque ou simplement qu'ils soient en retard pour leur travail, ces gens ont parfois tendance à négliger les procédures et protocoles établis. Ils ont souvent besoin de se déplacer en véhicule sur les sites, ce qui les rend plus à risques. L'organisation de la sécurité doit tenir compte de ce secteur dès le début des opérations. Une rencontre avec les responsables de ces commerces est essentielle afin de tracer des limites qui soient acceptables et sécuritaires.

6.0 LES COMMUNICATIONS

Lors d'un évènement spécial, les communications jouent un rôle essentiel. Elles assurent la coordination entre les différents secteurs et les différents niveaux hiérarchiques. Elles peuvent faire la différence entre une opération réussie et un fiasco. Bien que de nos jours la radio ne soit plus le seul outil utilisé, elle joue cependant encore un rôle de premièr plan pour le bon déroulement des opérations.

On ne peut penser offrir un service de sécurité sans penser à la logistique des communications. L'agence peut offrir ses propres radios ou prévoir des frais supplémentaires pour la location de tels équipements. Il est tout simplement impensable d'offrir un service de sécurité de qualité pour un évènement spécial, sans un bon service de communication. Selon la géographie du site et son étendue physique, on peut penser à deux systèmes de radio. Si le site est vraiment vaste et que les communications radio ne passent pas partout, on devra faire installer une antenne, un répéteur qui va retransmettre l'information vocale. L'avantage d'un tel système c'est qu'avec plusieurs répéteurs, on peut couvrir toute une grande ville. Il y a cependant un court délai dans la communication. Mais dans la plupart des cas, un système simplex est suffisant. La communication passe directement de radio à radio.

Si beaucoup de gens utilisent les radios, il peut être préférable d'utiliser deux ou même plusieurs fréquences différentes afin de ne pas encombrer les ondes inutilement. À partir du moment où l'on travaille à plusieurs fréquences, il est souhaitable d'avoir en permanence une personne au poste de commandement qui sera responsable d'une base radio. Cette personne devra faire le lien entre les différents services. On évitera d'acheter de petites radios de poche que l'on trouve dans tous les magasins grandes surfaces. Ces fréquences ne sont pas protégées et n'importe qui avec une radio semblable peut utiliser la fréquence. En cas d'urgence, il ne faut pas que les ondes soient encombrées par des gens qui pourraient simplement prendre plaisir à vous mystifier ou à créer des problèmes.

Louer des fréquences coûte cher et ce ne sont pas toutes les radios qui sont multifréquences. Généralement, les agents sur le terrain n'auront besoin que de la fréquence de leur secteur. Si beaucoup de gens travaillent sur le site, il faudra prévoir des fréquences distinctes. Les éclairagistes, les techniciens du son ou le service de la billetterie ne devraient pas pouvoir avoir accès aux communications utilisées par le service de sécurité. De cette façon, on est sûr qu'ils sont toujours à l'écoute de la bonne fréquence et qu'ils n'encombrent pas inutilement les fréquences des secteurs autres que le leur. On laissera plutôt les multifréquences aux chefs de secteurs, aux chefs d'équipe et naturellement aux responsables de la sécurité.

6.1 Respecter les priorités d'appels

C'est un fait bien connu, beaucoup d'agents de sécurité adorent parler sur les ondes d'une radio. C'est le travail du chef d'équipe de limiter les conversations radio à l'essentiel. Les agents de sécurité doivent apprendre à transmettre l'information de manière courte et précise. Idéalement, on peut utiliser des codes afin de raccourcir le temps d'utilisation des ondes. Seulement deux personnes peuvent parler à la fois sur une même fréquence. Il faut que les agents apprennent à ne pas couper les conversations des autres à moins d'un message prioritaire en situation d'urgence.

Il arrive dans les évènements de plus petite envergure que plusieurs services se partagent la même fréquence radio. Les techniciens de son, d'éclairage, la fille du propriétaire de l'évènement qui tente de communiquer avec son petit ami qui travaille à la billetterie, sont autant d'irritants qui peuvent nuire à l'efficacité des communications radio du service de sécurité. Cette vérité va dans les deux sens. Si l'appel de la sécurité n'est pas prioritaire, on laisse les ondes libres. Par contre, dans les points culminants, comme à la sortie du spectacle, on demandera aux autres services ce même respect des ondes. On exigera même cette priorité lorsqu'il y aura des situations d'urgence telle la venue d'une ambulance sur le site. Dans certains cas, il ne faut pas hésiter d'exiger le retrait des ondes des autres services, lorsque nécessaire. Si la personne n'obtempère pas, demander à qui vous vous adressez. Souvent, ce sera suffisant pour obtenir la libération de la fréquence.

6.2 Prendre soin de l'équipement

Il est fréquent, lors d'évènements spéciaux, que des agents perdent une radio. Il faut sensibiliser les agents à prendre soin de cet outil. Il n'est pas rare de voir un agent s'amuser à dévisser l'antenne de sa radio juste au moment où son supérieur essaie de le rejoindre !

Il est également fréquent de voir des agents de sécurité lancer leur radio dans un coin lorsque vient le temps de la pause. L'agent de sécurité doit comprendre que sa radio peut devenir en situation de stress, son seul lien avec les autres agents. Il doit toujours pouvoir se fier sur sa radio. De ce fait, un agent de sécurité devrait idéalement, lorsque c'est possible, avoir la même radio. Il s'habitue aux caprices de sa radio et peut y remédier rapidement s'il utilise la même.

Lorsque l'on utilise un micro externe, il peut arriver qu'il y ait des problèmes de contact. Il faut habituer l'agent à nettoyer les contacts qui peuvent s'oxyder et à s'occuper de l'entretien de sa radio. Si le bruit ambiant est trop fort, on peut utiliser des micros de gorge. Ils sont de plus en plus accessibles.

6.3 Une radio n'est pas un mégaphone

À moins de vouloir volontairement se faire voir pour une raison quelconque, les gens du public autour de l'agent de sécurité ne devraient jamais entendre ce qu'il se dit sur les ondes. S'il y a trop de bruit ambiant, l'agent devrait porter un écouteur. Si ce sont des radios de locations, on peut mettre un budget supplémentaire pour les écouteurs. Un agent de sécurité qui travaille souvent avec des radios devrait aller acheter ses propres écouteurs (on peut en acheter dans les magasins d'équipement électronique) afin de les avoir toujours à porter de la main.

L'agent doit apprendre à bien articuler et à avoir la bonne distance avec le micro pour obtenir une conversation qui soit la plus audible possible. Il faut faire attention également de ne pas être trop près d'une autre radio afin d'éviter les interférences, si désagréables pour les oreilles de tous ceux en ondes.

Les radios que tous peuvent entendre sont généralement d'excellents générateurs de rumeurs. Les gens ne voient pas la situation dans son ensemble et une mauvaise interprétation des faits peut facilement dégénérer en rumeur de scénario catastrophe. Tout peut être mal interprété sans l'information au complet. On a déjà vu un agent qui se plaignait de la tranquillité de son secteur. « Ici, tout est mort », dit l'agent. Pour certaines personnes, le mot mort suffit à être un déclencheur. Qui est mort ? Comment est-ce arrivé ? Sommes-nous en danger ? Et naturellement, le message peut s'amplifier en se transférant d'une personne à l'autre. Une phrase aussi anodine lancée par un agent qui s'ennuyait dans son secteur peut donner naissance à un court article dans le quotidien du lendemain.

Si un artiste ou une quelconque célébrité est attendue sur le site, inutile d'alerter le public sur sa localisation, son heure d'arrivée ou même simplement sur sa présence. Il faut éviter tout ce qui peut créer des déplacements de foule indésirables.

6.4 Les codes radio

Généralement développés pour les services de police, les codes radio sont des outils indispensables lors de gros évènements. Ils peuvent parfois varier d'un service de police à l'autre, mais pour une agence de sécurité, l'important est d'avoir des codes que tous ses agents comprendront. L'utilisation de ces codes radio a l'avantage de ne pas laisser le public participer à la communication. De plus, l'utilisation de code démontre généralement un certain professionnalisme. Dans les évènements spéciaux à grand recrutement de personnel, on n'a généralement pas le temps de former tout le monde à ces codes. On peut par contre leur enseigner les principaux codes qui seront nécessaires pour le bon déroulement de l'évènement. On peut donner de petits cartons où sont inscrits les principaux codes.

10-01	À l'écoute	10-20	Libérez les ondes
10-02	Répétez le message	10-21	Rendez-vous
10-03	Annulez le message	10-23	Prendre position
10-04	Compris, terminé	10-25	Repas
10-05	Accident matériel	10-30	Police
10-06	Accident avec blessé ou mort	10-35	Je suis à mon domicile
		10-40	Appel médical
10-07	Besoin d'une ambulance	10-50	Je ne suis pas seul à écouter le message
10-08	Besoin d'une remorque	10-60	Besoin d'un transport
10-09	Position	500	Besoin d'aide avec assistance de la police
10-10	Message général		
10-13	Appel téléphonique	10-10 BBM	Identification de toutes les personnes à l'écoute
10-14	Besoin d'assistance		
10-18	Hors les ondes		
10-19	Retour en ondes	Stand-by	Attendez un peu

6.5 Système de relais

Vous pouvez utiliser les meilleures radios sur le marché, tôt ou tard, elles feront défaut au moment où vous en aurez le plus besoin. Il faut toujours prévoir un plan B et parfois un plan C pour parer l'imprévu.

On pourra penser au téléphone cellulaire. Le problème est qu'en situation de stress, on a tendance à chercher les numéros et souvent à ne pas pitonner le bon. Il faudrait aussi que tous les chefs de secteurs et d'équipe en soient équipés. Ça fait beaucoup de numéros à entrer en mémoire. Dans un système de sécurité utopique, il faudrait des téléphones avec l'option audioconférence afin de pouvoir converser avec plusieurs agents à la fois.

La meilleure solution consiste simplement à rendre vos secteurs autonomes en cas de bris de communication radio. Si chaque secteur sait ce qu'il a à faire, le travail pourra continuer de manière fluide sans que le public ne remarque quoi que ce soit. Il faut que chaque agent connaisse bien le travail qu'il a à faire et qu'il n'y ait pas d'ambiguïté dans les limites d'intervention qu'il peut utiliser. Il est important d'avoir des chefs d'équipe et de secteurs qui sont capables de prendre des décisions par eux-mêmes. Dans les temps morts, ces personnes pourront aller à la base afin de voir si de nouvelles consignes ont été émises.

En cas de déplacement de véhicule d'urgence, le chef d'équipe ou de secteur qui a eu un premier contact avec le véhicule devra faire le suivi du véhicule dans tous les autres secteurs. On présume que ce véhicule est en contact téléphonique avec le centre de commandement. Si la coupure de communication a lieu entre les secteurs et le poste de commandement, l'agent qui escorte le véhicule devra prendre en main l'opération. Une fois la communication rétablie avec le poste de commandement, l'opération peut se faire assez simplement. Dans tous les cas, il faut que les agents des autres secteurs réagissent rapidement aux ordres de quelqu'un qui n'est pas leur supérieur.

6.6 La chaîne de commandement

On ne le dira jamais assez, le respect de la chaîne de commandement est primordial. Chaque personne doit communiquer seulement avec son supérieur immédiat. Si l'on saute un palier de la chaîne de commandement, il y a de fortes chances que la personne à qui l'on s'adresse ne puisse être au courant des problématiques du secteur en question.

Personnellement, j'ai toujours rabroué les gens qui me communiquaient directement et qui auraient dû utiliser la chaîne de commandement. La personne la mieux placée pour résoudre un problème de secteur est le chef de secteur ou d'équipe. C'est lui qui connaît la dynamique du terrain, il est sur place et est en mesure de mieux voir la solution à apporter. S'il ne peut résoudre le problème, il pourra monter à un échelon supérieur pour avoir de l'aide.

Dans la réalité d'un évènement spécial, il y aura toujours un agent qui espère se faire bien voir par les dirigeants, une personne qui tentera de se démarquer et d'attirer l'attention sur ses compétences. Les supérieurs immédiats de ces individus doivent apprendre à se faire respecter et ils ne doivent pas hésiter à réprimander ce type d'initiative. Seules des urgences extrêmes peuvent justifier de tels comportements.

7.0 LES MAÎTRES-CHIENS

7.1 Les services d'un maître-chien

On peut, sur certains contrats, utiliser les services d'un maître-chien. Un bon maître-chien peut remplacer dans certaines situations, jusqu'à dix agents de sécurité. Il faut cependant être conscient des risques que peut parfois représenter un maître-chien qui n'est pas compétent.

Un chien bien entraîné peut faire différents travaux allant de la sécurité dissuasive à la détection de drogues et d'explosifs en passant par la surveillance des lieux. Personnellement, je préfère avoir recours aux services d'un maître-chien dans un but purement dissuasif. Par exemple, lorsqu'un groupe de personnes en état d'ébriété tente d'entrer en fraude sur le site, le maître-chien devient un atout précieux. Étant responsable de la sécurité du concours hippique de Québec, je peux vous dire qu'un maître-chien était un atout indispensable pour repousser les curieux à trois heures du matin, lors de la sortie des bars de la Grande-Allée.

Imaginé l'attrait que peuvent avoir quelques centaines de chevaux dont les moins dispendieux sont dans les 100 000 $. Le mois de juillet est particulièrement propice aux gens pour flâner la nuit. Il était fréquent de voir des attroupements de 10 à 15 personnes et plus qui tentaient d'entrer de force dans les écuries malgré les agents de sécurité. Il faut dire qu'une grande partie de ces gens étaient en état d'ébriété. C'est dans ces situations qu'on apprécie le travail du maître-chien.

Celui que j'engageais travaillait avec des rottweilers. Imaginez ces molosses au sourire menaçant et au grognement inquiétant. Là où les gens avaient tendance à argumenter longuement avec les agents de sécurité, généralement ils rebroussaient chemin après quelques minutes d'insultes envers le maître-chien.

7.1.1 Les attroupements

Une des tâches attribuées à la sécurité était d'expulser tous les gens du secteur des Plaines D'Abraham, là où se trouvaient les installations principales. Une tâche ardue considérant tous les boisés se trouvant dans ce secteur. À cet endroit, on trouve une multitude de vallons et de recoins cachés où il est facile d'échapper à la surveillance d'un agent de sécurité. Le travail en collaboration du maître-chien nous permettait d'épargner une bonne heure de travail à plusieurs agents. Les gens n'appréciaient pas d'être expulsés, mais ils argumentaient peu ou pas avec le maître-chien. C'est moins gênant pour l'égo de dire que l'on s'est fait expulser par un colosse à quatre pattes que par un agent de sécurité.

Dans les endroits isolés, où il y a beaucoup d'arbres, où il est facile pour un intrus de se cacher et d'entrer commettre des vols sans trop se faire voir, un maître-chien est la solution idéale à ce type de problèmes. Le chien bien entraîné réussit à aller dénicher pratiquement tout le monde. Il sent rapidement lorsqu'un intrus se cache, même dans les plus sombres recoins.

7.1.2 Le maître-chien doit avoir un bon tempérament

Un chien qui grogne a toujours le don de fasciner ou du moins d'inquiéter les gens qui se trouvent face à lui. Si le chien est naturellement dissuasif, il en va parfois autrement du maître-chien. Certains sont plus de tempéraments provocateurs et peuvent parfois envenimer la situation. Il est donc important de choisir quelqu'un qui est compétent et professionnel et surtout, qui est maître de ses émotions.

Il n'est pas rare que le maître-chien se fasse injurier. Ils sont généralement habitués à se faire dire qu'ils ne sont rien sans leurs chiens, qu'ils ne sont que des lâches qui se cachent derrière leur animal. Il est important que le maître-chien ne se laisse pas atteindre par ces injures. Ça prend une personne assez mature pour ne pas se laisser entraîner dans ce jeu d'égo. Imaginez la scène si le maître-chien commence à argumenter avec les gens du public. Il faut que l'intervention se fasse entre l'animal et le public et non entre le maître-chien et le public. Il ne faut pas que la situation traîne en longueur.

7.1.3 Connaître la méthode de travail du maître-chien

Lorsqu'on engage un maître-chien, il faut prendre conscience que si l'animal mord quelqu'un, il y aura une poursuite judiciaire. Il faut donc que le maître-chien ait le contrôle de sa bête à tout instant. Il faut également que la méthode de travail qu'il utilise soit sécuritaire et qu'il n'y ait pas de contact entre les gens du public et la bête. Prenons l'exemple cité plus haut où nous avions à vider un parc de sa population. Il y a deux façons de procéder.

La première, qui est celle que nous utilisions. Elle oblige le maître-chien à marcher davantage, à couvrir à pied toute la zone du site qui doit être patrouillé. Il doit aller à chaque endroit en gardant son chien à une distance de quelques pieds seulement. À tout moment, il doit pouvoir ramener son chien par la laisse s'il se passe quelque chose. Il ne doit y avoir aucun contact physique entre le chien et des gens du public. Il n'y a pas de place à l'imprévu, s'il perd le contrôle de son animal, les conséquences seront onéreuses pour l'organisation.

La seconde façon consiste simplement à laisser de 5 à 10 mètres de laisse à l'animal qui court dans tous les bosquets. Le danger vient des gens qui pourraient dans un premier temps attaquer l'animal, soit à coup de bouteille de bière ou autres. Dans un réflexe de défense, l'animal qui se fera blesser sera susceptible de devenir incontrôlable et d'agresser les gens. La longueur de la laisse ne pourra permettre au maître-chien de ramener sa bête à temps. La plupart des gens qui se trouvent dans de tels endroits durant la nuit sont rarement à jeun. Que ce soit sous l'effet de l'alcool ou de diverses drogues, leurs comportements restent imprévisibles. De ce fait, on doit éviter tout contact direct tant pour la sécurité du chien que pour la sécurité des gens. Imaginez l'image publicitaire que feront les médias le lendemain en disant qu'une personne a été sauvagement mordue et agressée par un chien hors de contrôle. Nul doute qu'on pourra revoir les primes d'assurances à la hausse.

7.1.4 Un effet dissuasif

Généralement lorsqu'un maître-chien est présent sur un site, cela se sait vite et a un effet dissuasif chez les gens. Plus l'évènement avance dans le temps, moins on a besoin de recourir au maître-chien.

Un bon maître-chien est un investissement très rentable lorsqu'il s'agit de protéger un territoire qui est grand et dont la géographie permet aux indésirables de se cacher. Il permet généralement de diminuer de façon considérable les risques d'intrusions et par le fait même, les risques de vandalismes et de vols. Avant d'engager un maître-chien, on peut discuter avec lui de la méthode de travail qu'il utilisera pour répondre aux besoins de l'organisation. Il ne faut pas voir l'utilisation d'un maître-chien comme une dépense, mais comme un investissement préventif.

7.1.5 Se fondre à l'environnement

Si l'évènement spécial se tient près de quartier d'habitations, il devra, dans la mesure du possible, se fondre à son environnement en essayant de perturber le moins possible la vie du quartier. On invitera le maître-chien à contrôler les aboiements de son chien. Naturellement, le maître-chien aura à s'occuper de ramasser les besoins de son animal. Le public n'apprécie généralement pas le fait de mettre les pieds dans des excréments de chien lors d'une telle activité.

Personnellement, je n'ai jamais gardé de maître-chien sur les horaires de jour. Oui, ils peuvent être utiles, mais ils attirent énormément de badauds lorsqu'ils interviennent en plein jour.

8.0 UNE PHOTO VAUT MILLE MOTS

Les évènements spéciaux se suivent et ne se ressemble pas. La photo numérique est un outil indispensable pour les organisations qui font de la sécurité d'évènements spéciaux. Si l'on désire reprendre le contrat d'année en année, un dossier photo bien documenté de l'évènement sera un atout indispensable.

La mémoire oublie, mais les photos témoignent sans ambivalences possibles des procédures passées. Ne pas prendre de photos équivaut à recommencer le travail à zéro, ou presque. Lorsqu'on fait évoluer une sécurité d'évènements, une bonne partie du travail passe par une certaine expérimentation, dans laquelle réussite et échec font parfois partie du cheminement. Un dossier photo bien étayé permet de revoir rapidement les points forts et les points faibles du système de sécurité. Il faut qu'au premier coup d'œil à la photo, les agents de l'année précédente puissent s'y retrouver immédiatement. Souvent, l'angle de la prise de la photo peut faire la différence. Pensez à prendre des photos du point de vue des postes des agents afin qu'ils puissent s'y retrouver plus rapidement. Une vue d'ensemble viendra compléter cet angle de vision.

8.1 Diviser dans le temps et l'espace

On doit prendre soin de garder en détail les photos de chaque secteur. Idéalement, le dossier photo du secteur évolue avec le déroulement des opérations, car il y a presque toujours des améliorations à apporter à mesure que l'évènement évolue. Les photos du début, de la mi-temps et de la fin de l'évènement ont souvent tendance à différer. Le fait de garder les photos du début permet un retour en arrière si l'amélioration supposée n'est pas au rendez-vous. De plus, garder des photos des différents moments permet souvent un angle de vision différent, qui nous amène parfois à réviser nos positions.

Idéalement, il faut couvrir le secteur en totalité même si certaines photos peuvent sembler inutiles sur le moment. Il faut penser que la proposition de sécurité peut couvrir un secteur qui n'était pas du tout occupé l'année d'avant. On pourra faire par le biais de ces photos une projection de ce que pourra avoir l'air le nouveau dispositif de sécurité.

On prendra un soin particulier sur les endroits à problèmes ou à risques. Les photos documentées avec le texte adéquat permettront d'épargner temps et argent. Tout ce qui peut causer des blessures doit naturellement être photographié et une copie doit être donnée à l'organisation dans les plus brefs délais. Si les organisateurs de l'évènement n'ont pas apporté les correctifs nécessaires, vous êtes déjà au courant des endroits à risques potentiels.

8.2 Déplacement sur le terrain

On prendra soin également de prendre des photos des foules en déplacements lors des moments forts pour garder une idée du rendement des voies d'accès. Avec du recul, en révisant les photos, on peut avoir des idées qui surviennent l'année suivante pour améliorer le débit. Si des clôtures sont installées pour gérer les déplacements de la foule, on s'assurera que tout sera photographié en détail, surtout si l'installation était performante. Sur les photos, on prendra grand soin d'identifier les zones où le public a accès ainsi que celle où l'accès est refusé en prenant soin de noter les raisons de ces refus. On notera soigneusement les voies de circulation permises aux véhicules s'il y en a, avec toutes les restrictions comme les heures d'accès, la grosseur des véhicules permis, etc.

Si vous pensez qu'un endroit pourrait être problématique, prenez-le en photo et prenez soin de transporter la photo avec vous de manière à pouvoir, si possible, la consulter en tout temps, que ça soit sur votre ordinateur personnel, votre portable, votre tablette ou même votre téléphone. Si vous repensez au problème, le seul fait de disposer de la photo et de pouvoir la consulter sur le moment peut vous aider à résoudre bien des problèmes.

Si vous disposez d'endroits en hauteur, tels une tour ou un édifice, n'hésitez pas à envoyer une personne prendre des photos de la migration des foules sur le site. Ces photos vont vite devenir des outils indispensables. Personnellement, sur certains sites, je disposais d'une tour d'une quarantaine de pieds afin d'avoir une vue d'ensemble des secteurs. Dominé les hauteurs est un des secrets de la réussite afin de bien voir les déplacements de foule considérable.

Photographiez tout ce qui constitue un goulot d'engorgement, tout ce qui change le rythme de déplacement d'une foule. S'il y a interaction de véhicule avec la foule, photographiez ces déplacements. Naturellement, comme toutes les caméras offrent la vidéo, vous pouvez filmer ces problématiques.

8.3 Des photos des gens qui sont sur l'évènement

Discrètement, on devrait photographier les gens qui travaillent sur le site et monter un dossier sur ces personnes afin d'éviter une perte de temps dans l'identification de ces gens au prochain évènement. Rien d'intime, la photo avec le nom, le rôle et les coordonnées. On pourra mettre au besoin un court rapport sur la manière de négocier avec ces personnes. Ça fait toujours plus professionnel de sembler se souvenir des noms des gens lorsqu'on les retrouve l'année suivante.

Le but de cette prise photo est simplement de vous remettre dans le bain lorsque viendra le temps de réengager ces personnes. Votre approche fera en sorte qu'ils auront l'impression que vous vous souvenez d'eux personnellement et s'engageront davantage envers vous. Un bon contact humain est une source de succès lorsque vient le temps de monter un système de sécurité efficace.

On pourra ainsi identifier les principaux acteurs sur le site. Les organisateurs de l'évènement, mais aussi les responsables des services techniques comme l'éclairage, la sonorisation, les secteurs restaurations et bars, etc., pourront être inscrits dans ce dossier.

8.4 Se remettre dans le dossier

Que ce soit le même directeur de la sécurité ou un nouveau, regarder le dossier de l'historique de l'évènement lui permettra de se mettre dans le contexte et de mieux réagir lors des réunions de concertation. Dans le domaine de la sécurité d'évènements spéciaux, la clé de la réussite passe par la cueillette d'informations.

Un nouveau directeur devra davantage se familiariser avec le dossier et avec les gens qui dirigent l'évènement. Il doit être en mesure de démontrer qu'il a une bonne connaissance des lieux, des besoins et des gens qui font l'évènement.

8.5 Laisser un dossier complet

Il m'est arrivé de travailler et d'être obligé de repartir à zéro parce que les prédécesseurs n'avaient rien noté. Lorsque je termine le travail d'un évènement, je laisse à l'organisation un dossier suffisamment étoffé de manière à ce que le service de sécurité de l'année suivante ait une base solide pour gérer la sécurité de l'évènement.

La plupart des agences tendent à garder secrètes ces informations de peur de ne pas avoir le contrat à nouveau. Si vous vous montez professionnel, les organisateurs de l'évènement vous reprendront sans hésiter. Ils ont suffisamment de problèmes sans devoir s'occuper de la sécurité.

Le dossier doit comporter plusieurs éléments. Les gens y trouveront d'abord la gestion de la paie telle qu'elle a été effectuée. Ils doivent être en mesure de voir le nombre d'agents qui a été payé pour chacune des tâches. Les organisateurs apprécient généralement de voir où s'en va leur argent. Si votre gestion a été professionnelle, vous n'avez rien à craindre de ce côté.

Vous devez laisser un dossier photo étoffé, montrant l'ensemble des dispositions prises pour protéger le site de toute intrusion. Votre rapport totalisera le nombre de clôtures, la façon dont elles ont été utilisées, et tout ce qui a été nécessaire pour gérer cela, incluant le ruban danger et la façon dont ont été utilisé les éléments naturels sur place.

Vous pouvez également laisser un bilan des problématiques et sur la façon dont elles ont été résolues. Une liste des points à améliorer pourra également s'y trouver. Une liste des équipements supplémentaires souhaitables devra aussi figurer au rapport.

9.0 PLAN D'ÉVACUATION D'URGENCE

9.1 Pourquoi un plan d'évacuation ?

En sécurité il faut prévoir l'imprévisible. Il est inconcevable de voir encore de nos jours des responsables de la sécurité qui n'ont aucun plan d'évacuation d'urgence sur l'évènement qu'ils ont en charge. On a généralement tendance à penser que si rien n'est arrivé jusque-là, il ne peut rien arriver. Le terrain est tellement vaste qu'on peut y caser tout le monde. Il n'y a aucun immeuble qui peut prendre feu, aucune structure qui pourrait s'effondrer, aucune catastrophe prévisible qui pourrait arriver, alors, pourquoi penser à un plan d'évacuation d'urgence ?

Il est parfois bon d'être un peu paranoïaque, surtout lorsqu'on travaille en sécurité. On doit toujours penser au pire scénario possible, même si l'on sait qu'il est peu probable que ça arrive. On peut être au beau milieu d'un champ, rien ne nous dit qu'un avion ne nous tombera pas sur la tête. Si l'avion tombe, est-ce que les gens dans la panique ne reculeront pas dans ce petit ruisseau d'allure inoffensive qui borde le champ ? Un petit ruisseau qui a à peine un pied d'eau. Dans la panique, des gens peuvent perdre pied et se retrouver la tête sous l'eau, piétinés par la foule qui veut s'éloigner des risques d'explosions. Certes l'exemple ici peut sembler exagéré, mais il faut apprendre à penser de cette façon. Lorsque la panique s'empare d'une foule, les gens deviennent incontrôlables. Il faut avoir la capacité de les diriger sans avoir à compter sur leurs esprits logiques. Quand les émotions dominent, la logique n'a plus sa place.

À tout moment un directeur de la sécurité doit être en mesure d'expliquer un plan d'évacuation aux gens de l'organisation, aux pompiers, aux policiers, aux gens des assurances et à toute personne autorisée qui pourrait lui en faire la demande. Un plan sur papier devrait être disponible en tout temps. Si une catastrophe arrive et qu'aucun plan n'a été prévu, il est certain qu'il y aura des poursuites pour négligences. Il y a peu d'agences qui peuvent résister à de telles poursuites judiciaires. S'il y a un plan, c'est une protection pour l'agence, même si le plan n'était pas parfait, il a le mérite d'exister.

9.2 N'hésitez pas à demander de l'aide

Il ne faut pas hésiter à demander l'aide des organismes locaux pour vous aider à construire un plan d'évacuation. Dans un premier temps, ça vous permet de partager les responsabilités en cas de problèmes et dans un second temps ça vous donne le soutien de personnes ressources compétentes qui seront heureuses de sortir du bureau et d'aller vous aider. Pompier, policier, garde côtière s'il y a lieu, vous pouvez utiliser toutes ces ressources pour vous aider dans la mise sur pied d'un bon plan d'évacuation.

Il est évident que si le site borde des routes ou des autoroutes, la collaboration des différents corps policiers sera obligatoire.

9.3 Définir ce qu'est un plan d'évacuation

Un plan d'évacuation est un outil sur lequel on se base pour évacuer rapidement quelques personnes ou plusieurs milliers de personnes. Le plan d'évacuation est la procédure à suivre pour diriger ces gens dans des endroits sécuritaires en tenant compte du facteur panique, du débit pratique des chemins d'évacuations ainsi que de la faisabilité en situation réelle de cette évacuation. Un bon plan d'urgence permet dans bien des cas de détecter des risques qui étaient passés inaperçus jusque-là.

On doit tenter de trouver et d'analyser toutes les causes possibles pouvant mener à une évacuation d'urgence, toutes doivent être analysées. Que ce soit de nature électrique, chimique ou de cause naturelle, il faut essayer de voir et de prévoir toutes les possibilités afin de minimiser l'élément-surprise lors de la prise de décision d'une évacuation d'urgence. S'il y a incendie, peut-il y avoir risque d'explosion ? S'il y a un restaurant sur le site, il y a des chances de trouver des bombonnes de propane ? Est-ce que le bâtiment peut s'effondrer ? Peut-il y avoir des risques de déversements de liquide inflammables sur le site ou près du site ou de libération accidentelle d'agents biologiques dangereux ou de produits toxiques ? S'il y a des entreprises à risques près du site de l'évènement, il est préférable de la savoir. Est-ce que les agents sur place peuvent reconnaître à l'odeur une fuite d'ammoniaque ou autre substance dangereuse ? Des cours se donnent à différents endroits sur les substances dangereuses.

De plus de nos jours, il faut tenir compte de la menace terroriste. De la menace d'une personne perturbée émotionnellement (risque d'un tireur fou).

9.4 Les facteurs déterminants

Plusieurs facteurs entrent en ligne de compte lorsque l'on crée un plan d'évacuation d'urgence. Naturellement la taille de l'organisation et de l'évènement sont des facteurs clés dont il faut tenir compte. En théorie, plus l'organisation est grande, plus sa capacité de faire face aux situations d'urgence devrait être grande. Voici quelques facteurs qui devront être pris en considération.

9.4.1 Les zones tampons

Chaque secteur doit déterminer des zones tampons, des endroits sécuritaires et protégés des risques où on pourra diriger la foule. Ces zones doivent être suffisamment grandes ou suffisamment nombreuses pour contenir la foule en totalité. Ces zones doivent elles-mêmes avoir leurs propres voies d'évacuation.

9.4.2 La gravité de la situation

Est-ce qu'il est temps de déclencher l'évacuation ? Qui décide et à partir de quand évacue-t-on les lieux ? Les catastrophes ne sont pas toujours décelables pour le public. Une fuite de gaz passera inaperçue contrairement à un incendie majeur.

Généralement, la décision d'évacuer un site se décidera en concertation avec les dirigeants de l'évènement. Le directeur de la sécurité et les dirigeants doivent pouvoir prendre rapidement une telle décision. C'est une décision qui ne doit pas être prise à la légère. Il se peut que l'évacuation soit plus à risque que la cause elle-même.

9.4.3 L'aide extérieure

Est-ce qu'il y a déjà des ressources sur les lieux comme des ambulanciers, des policiers ou des pompiers ? Il faut être en mesure de rejoindre les bons services, le plus rapidement possible. Il faut pouvoir signaler les causes ou les dangers qu'auront à rencontrer les services d'urgence. S'il y a des matières dangereuses, il faut pouvoir le signaler le plus tôt possible. Si l'on connaît la nature des produits toxiques ou dangereux, il faut en aviser les responsables dans l'immédiat. Que ce soit une simple bombonne de propane près d'un casse-croûte, ou la présence d'ammoniaque près d'une piscine, toute information sera utile.

9.4.4 Qui de l'organisation peut aider ?

Il y a souvent des gens d'informations, des gens attitrés à la billetterie qui ont pour tâche de placer les gens. On peut également compter sur les gens qui gèrent les stationnements s'ils fonctionnent indépendamment de la sécurité. Il est important que tous ces gens soient formés ou du moins informés des tâches à accomplir lors d'une évacuation d'urgence.

Plus il y aura de gens sensibilisés au plan d'évacuation d'urgence, plus on diminuera les risques de blessures et d'accidents. Si l'on ne peut former tout le monde, on devrait au minimum former les responsables autres que la sécurité au plan d'évacuation.

Trop souvent, lors des comités organisationnels, le sujet est effleuré, mais il est rare qu'on l'approfondisse. C'est un peu normal, car il y a tellement de travail à faire avant la mise sur pied de l'évènement. Il appartient aux gens de la sécurité d'aller les rencontrer, en groupe ou individuellement, et de les sensibiliser au plan d'évacuation d'urgence. De simples mesures peuvent être prises par les employés de ces secteurs. Ne serait-ce que couper l'alimentation du gaz et fermer l'entrée d'électricité avant de quitter le casse-croûte ?

9.4.5 L'aménagement des lieux

Est-ce qu'on a pensé aux plans d'évacuations lorsqu'on a créé l'activité ? Il y a peu de chance. Voies de sorties, équipement d'urgence, premiers soins, etc. Les chemins d'évacuations ainsi que le débit de personnes pouvant emprunter ce chemin en nombre de personnes par minutes.

Le meilleur moyen de permettre aux gens de visualiser l'évacuation est de posséder une carte que l'on laisse visible et accessible sur un mur. Dans plusieurs des évènements que je dirigeais, il y avait une grande carte du plan du site affichée au mur. Chaque secteur y était clairement identifié. Sur cette carte on a une vue d'ensemble du site : bâtiments, cours d'eau, route, espace public, tout doit y être identifié clairement. Chaque fois que l'on passe devant une telle carte, l'information se grave un peu plus dans notre inconscient. On peut réutiliser cette carte année après année ce qui minimise les coûts. À prévoir absolument au budget. Une fois plastifiée, elle durera des années.

9.4.6 Les structures en place

Est-ce que les plans d'urgence comprennent des évacuations d'immeubles ? Est-ce qu'il y a des immeubles qui peuvent être à risque ou au contraire servir de protection sur le site ?

En ce qui concerne les plans d'évacuation d'immeuble, ceux-ci existent généralement déjà. Vous devez voir avec les propriétaires du bâtiment ou le service de sécurité existant. Si vous ne trouvez rien, n'hésitez pas à communiquer avec le service d'incendie de la localité. Ils pourront vous diriger vers les bonnes personnes, ou dans le pire des cas, ils pourront participer efficacement à la création d'un plan d'évacuation. Il ne faudra pas oublier d'étendre le plan d'évacuation une fois rendu à l'extérieur du bâtiment.

9.4.7 Le personnel informé des mesures d'urgence

Dans la plupart des activités, les agents sur le terrain n'ont aucune idée de ce que peut être le plan d'évacuation d'urgence. On peut prévoir leur donner une copie écrite de ce plan ou du moins du secteur dans lequel ils auront à travailler.

Si le temps le permet, vous pouvez, avec vos chefs de secteurs et chefs d'équipe, exécuter discrètement quelques répétitions d'évacuation d'urgence. Vous pouvez faire l'exercice en imaginant divers scénarios où des problèmes peuvent survenir. Si votre personnel se trouve sur place sur le terrain, ils seront plus en mesure de prévoir les problèmes qui pourraient y avoir en situation réelle.

9.4.8 La signalisation

Il faut que les voies soient bien indiquées, que les agents dirigent bien le flot de gens. On peut utiliser des mégaphones, des clôtures et tout ce qui peut signaler efficacement la direction à suivre. Le stress provoqué par l'évènement nuira au jugement de la foule et même très souvent à celui des agents de sécurité. Une bonne signalisation permet aux gens de suivre instinctivement sans réfléchir. Il faut faire des rappels fréquemment aux intervenants en sécurité concernant les plans d'évacuation d'urgence. Il n'est pas rare de voir des agents paniqués qui ne savent plus quoi faire dans ces circonstances. Les chefs de secteurs doivent encadrer l'évacuation.

9.4.9 Les groupes électrogènes

Élément essentiel, il faut pouvoir compter sur de l'éclairage, quelles que soient les circonstances. Rien n'est plus stupide qu'une panne d'essence au moment où l'on a besoin d'éclairage. Il faut s'assurer que les personnes responsables de ce travail aient bien fait leurs devoirs. La localisation de ces génératrices doit tenir compte de ces urgences. Elles doivent être bien protégées des risques liés à une évacuation d'urgence.

9.4.10 Les personnes handicapées

Naturellement, un bon plan tiendra compte de l'évacuation des personnes handicapées. Mais peu importe ce que vous aurez prévu pour eux, dans la panique, le public utilisera ces voies d'évacuation sans tenir compte des personnes à mobilité réduite.

Si vous manquez de personnel pour vous occuper des personnes handicapées, désignez des gens du public pour aider. Dans des situations d'urgence, la plupart des gens paniquent s'ils n'ont pas de tâches à exécuter. Mais si vous désignez des personnes jeunes et que vous leur confiez la mission d'escorter ces gens, ils feront probablement la tâche avec assiduité et zèle. Idéalement, des groupes d'amis travailleront de concert si vous les désignez à ces tâches. Cependant, il faut qu'une personne de la sécurité reste présente pour donner les commandements et diriger ces gens.

9.4.11 Communications

Communication avec le public et entre les différents secteurs participants à l'évacuation. Priorité des ondes radio et respect de ces priorités. Il est important que les agents soient bien formés à l'utilisation d'une radio. Les ondes doivent rester libres et n'être utilisées qu'en cas d'extrême nécessité. Seuls les directeurs d'opérations devraient utiliser les radios s'il n'y a pas de problèmes majeurs lors de la sortie du public.

9.4.12 Établir un plan pour chaque secteur

Un site est habituellement divisé en secteur. Chaque secteur devra donc être analysé et comporter son propre plan d'évacuation en fonction de sa propre géographie. Le responsable de chaque secteur doit prendre en main la situation.

Dans le domaine de la sécurité, comme dans tout autre domaine, le facteur « routine » est à ne pas négliger. La plupart des gens désirent changer de secteur régulièrement pour chasser l'ennui qui est souvent lié au travail de la sécurité. Malheureusement, à chaque nouvel emplacement, ce sont de nouvelles connaissances que l'agent doit acquérir. En cas d'incident exigeant une évacuation, l'agent qui ne maîtrise pas son secteur sera nécessairement moins efficace. Si l'on décide de tout de même changer les agents de base de ce secteur pour les garder plus motivés, il faut que les chefs de secteurs et d'équipe demeurent les mêmes. Il faut qu'ils connaissent suffisamment bien leur secteur au point de ne plus avoir à réfléchir sur l'endroit dont un agent parle.

Une fois le plan d'évacuation créé, indiquant les procédures à suivre pour chacun des secteurs, celui-ci doit être remis aux responsables de l'organisation. Ce rapport devient la référence à suivre pour les années suivantes. Il est inutile de repartir à zéro chaque année si l'on a des bases solides de construites.

10.0 SMEAC

10.1 L'importance des réunions

Peu importe l'évènement, le « briefing » est un outil indispensable. Mais pour être efficace, il doit être bien mené. Il est fréquent de voir des réunions d'information tournées en partie d'amusement, où l'on oublie de transmettre l'information essentielle. Qui n'a pas déjà vu des participants à de telles réunions en train de rêvasser en regardant par la fenêtre ou à s'amuser à faire des œuvres d'art sur du papier. Être présent à une réunion est une chose, mais y participer efficacement en est une autre. La séance d'information permet d'en apprendre beaucoup sur les gens qui auront à travailler pour vous.

Idéalement, on devrait prévoir de courte réunion au début de chaque journée, avant que le site ne soit ouvert au public, de façon à améliorer le système quotidiennement. De plus, s'il y a des éléments clés durant la journée, spectacle, invité spécial ou autre, on pourra refaire une réunion supplémentaire de préparation, si nécessaire.

Pour être efficace, il faut que la réunion ne dépasse pas un certain nombre de participants. On prévoira dans un premier temps une réunion du directeur avec ses principaux lieutenants. Cette première réunion permet d'avoir une idée générale de ce qui se passe à la grandeur du site. Dans un second temps, les lieutenants pourront avoir une réunion avec leurs chefs de secteurs. Cette procédure permet de passer plus rapidement à l'essentiel.

10.2 Quel est le sujet d'un bilan ?

Il existe des principes de réunion qui permettant d'optimiser les rencontres. Le plus connu est sûrement le SMEAC. On peut facilement passer une journée à expliquer le fonctionnement du SMEAC. Ici, nous aborderons seulement les grandes lignes. Naturellement, SMEAC est un acronyme.

La première réunion se fera plusieurs semaines d'avance, voir plusieurs mois d'avance. Le SMEAC trouve ici une place importante pour cette première rencontre. C'est ici que se jettent les bases du plan d'action pour la sécurité d'un évènement.

10.2.1 Situation

La première étape consiste à établir une vue d'ensemble de l'évènement en question. De quel type d'évènements s'agit-il ? Quelle est sa durée ? Bref, tout ce qui entoure la durée de l'évènement dans le temps, la localisation de l'évènement. On tentera ici de bien cerner les problématiques de l'évènement. On prend connaissance du dossier historique de l'évènement s'il y en a déjà un. Qui sont les gens qui dirigent l'évènement ? En sont-ils à leur première expérience dans ce genre d'activité ? Sont-ils solvables ? Bref, il vaut mieux se poser trop de questions que pas assez.

10.2.2 Mission

Ici, on doit cerner les tâches qui sont dévolues à la partie sécurité de l'évènement. Qu'est-ce qu'on attend de la sécurité ? Gardiennage de nuit, sécurité du public, gestion de la foule, stationnement, etc. Il faut savoir avec exactitude quel est le mandat qui est demandé à l'organisation de la sécurité. Quels seront les niveaux de sécurité nécessaires à l'accomplissement du mandat ? Est-ce que l'on a la capacité de bien remplir le contrat en question ?

10.2.3 Exécution

Quel est le plan d'action qui sera utilisé pour remplir le contrat ? C'est ici qu'on aura besoin de plans ou de cartes détaillées du site. C'est également ici que seront définies les tâches de chacun des participants. La question à se poser est simple : qui fait quoi ? On travaillera à diviser le site en zones de travail codifiées. On déterminera les besoins en agents sur le terrain. Est-ce qu'on dispose des ressources humaines compétentes pour toutes les tâches ?

10.2.4 Administration

On couvre tous les détails administratifs nécessaires concernant la mission. Gestion des payes, gestion d'équipements, horaire de travail, rédaction de rapport, contact avec les autres secteurs, gestion de la petite caisse, etc.

10.2.5 Commandement et communication

La chaîne de commandement sera clairement établie. On prévoira un ordre de remplacement en cas de problèmes. On établira la hiérarchie d'autorité s'il y a lieu. À ce stade des opérations, on s'assurera d'avoir les listes de contact à jour et disponible rapidement en cas de besoin.

Ici, on devra savoir qui sont les VIP, qui ont des privilèges, etc. On établira les relations avec les corps policiers et les différents services qu'on aura besoin de côtoyer. On prévoira d'être suffisamment bien équipé en radios multicanaux avec écouteurs, micros et piles de rechange. On prévoira également un système alternatif en cas de défaillance des communications radio.

10.3 Des ordres clairs et précis

Dans chaque réunion, des messages doivent être passés. Le but est soit d'améliorer la sécurité en place, soit de colmater des brèches ou de réparer des erreurs. Une réunion est un travail collectif ou chacun prend conscience des erreurs qu'il peut commettre ou qu'il a déjà commises. La réunion est le bon endroit pour essayer de trouver des solutions à un problème. La rencontre donne l'avantage de bénéficier de l'expérience de tous les participants.

On peut en profiter pour motiver ses troupes par le biais d'encouragements lorsque tout va bien, mais il faut toujours prendre garde à ce que la réunion ne vire pas en séance de louange pour l'égo. Il faut savoir féliciter les troupes quand c'est le temps, mais il faut prendre conscience que le but premier de la réunion est d'améliorer le système.

Pour qu'une réunion ait une valeur réelle, il faut que les messages et les ordres donnés soient clairs et précis. Il n'y a pas de place pour de l'ambiguïté. Deux conditions sont requises pour que la communication soit efficace. Premièrement, il faut que la personne qui dirige la réunion ait de la facilité à s'exprimer afin d'expliquer clairement les consignes. Deuxièmement, il faut s'assurer que les gens qui reçoivent l'information aient bien compris cette information. Prendre comme acquis que les gens ont bien compris est une erreur grave lors d'une telle réunion. La plupart des gens n'enregistrent pas la moitié de ce qui est dit. Il ne faut pas se gêner pour demander aux gens à qui l'on donne de l'information importante de nous réexpliquer dans leurs mots les ordres qui leur ont été donnés. Il est parfois étonnant de voir la différence entre les ordres qui ont été donnés et la manière dont l'information est perçue.

Il ne faut pas hésiter à répéter les mêmes choses d'une réunion à l'autre lorsque le sujet est important. L'être humain est cette merveilleuse faculté d'oublier rapidement. On doit partir du principe que si un subordonné a mal compris un ordre d'opération, c'est de la faute de celui qui l'a donné, car il n'a pas pris la peine de vérifier si l'ordre a été bien compris.

10.4 Des réunions sur une base régulière

Des rencontres périodiques amènent les lieutenants, chefs de secteur et chefs d'équipe, à sombrer moins vite dans la routine, ennemie par excellence de la sécurité. Il faut donc faire des rappels fréquents et faire prendre conscience aux gens de ce danger qu'est la routine. La routine est probablement le plus grand fauteur de trouble dans toutes les organisations de sécurité.

Une réunion n'est pas un lieu pour trouver des excuses lorsqu'il y a eu manquements lors d'une opération. On ne doit pas perdre de temps à s'apitoyer sur le sujet. Il faut au contraire canaliser l'énergie sur la façon dont on pourra régler le problème.

DURANT L'ÉVÈNEMENT

11.0 BLINDER UN SITE

Outre la sécurité du public à l'intérieur de l'enceinte des activités, le contrat en sécurité d'évènements spéciaux sous-entend généralement de repousser les intrus qui n'ont pas payé, ou d'expulser les gens aux comportements inacceptables hors des limites du site. À partir de ce principe, il y a un jeu de chat et de souris qui s'enclenche. Généralement, les jeunes qui habitent en périphérie de l'évènement se font un devoir d'essayer de pénétrer l'enceinte en fraude. Lorsque l'activité a lieu hors d'un centre-ville, les jeunes se connaissent davantage et le défi est encore plus grand. Le but n'est pas d'économiser, mais bien de relever le challenge de contrecarrer les plans de la sécurité. Vous pouvez être certain que ces jeunes seront fiers de dire à un agent qu'ils ont déjà réussi à déjouer la sécurité et à accéder aux activités gratuitement.

On doit partir du principe que ce n'est pas tous les sites que l'on peut rendre étanches à 100 %. Les responsables de la sécurité doivent choisir entre engager davantage d'agents de sécurité pour couvrir plus de terrain, ce qui risque de leur faire perdre le contrat à cause du coût plus élevé face à leurs compétiteurs, ou de risquer un certain pourcentage d'intrusion, ce qui peut également leur faire perdre le contrat. Les gens ne réalisent pas que la plupart des agences réussissent à faire beaucoup avec peu de moyens et surtout, beaucoup de contraintes. La sécurité étant vue comme une dépense et non un investissement, on fera tout pour couper sur les frais engendrés par la sécurité.

Il est important de connaître les difficultés du terrain afin de se faire une idée, la plus juste possible, de la faisabilité d'une étanchéité parfaite. Si cette étanchéité totale n'est pas réaliste, il faut en discuter avec notre employeur et expliquer pour quelles raisons on ne peut garantir cette étanchéité totale. Il faut que ces discussions aient lieu avant le déroulement des activités et non durant le déroulement. De cette façon, les organisateurs sauront quoi répondre si on leur dit que certaines personnes se sont vantées d'avoir infiltré le périmètre du site. Il n'y a rien de mieux pour faire mal paraître les organisateurs que l'ignorance des faits.

Si l'on ne peut garantir totalement l'étanchéité d'un site, il faut faire comprendre à l'organisation que si des représentants d'une agence disent qu'ils peuvent le faire, qu'ils mentent ou qu'ils ne sont pas réalistes. On doit expliquer les raisons de cette impossibilité. Les responsables de l'organisation apprécieront davantage une réponse honnête et rationnelle plutôt que de se faire raconter des mensonges.

Sur un site où l'évènement se déroulait sur le dessus d'une falaise, il a fallu tenir compte de la venue possible d'embarcation. À cet endroit, où le fleuve St-Laurent se transforme en golfe du St-Laurent, il n'était pas évident de gérer ce risque. Les organisateurs ne nous octroyaient pas le budget pour une embarcation motorisée afin de protéger cette zone. Nous avions posté des gens au bas de la falaise pour faire signe à d'éventuelles embarcations de s'éloigner. Heureusement pour nous, personne n'a tenté de franchir le périmètre nautique que nous devions protéger. Il arrive parfois que la chance soit de notre côté.

11.1 Évaluer le site

La topographie du site est un facteur déterminant. Dans un de mes contrats, il y avait plusieurs falaises dangereuses à escalader. Pas question de risquer la sécurité de mes agents dans de tels endroits. On savait pertinemment bien que quelques personnes prendraient le risque de se blesser gravement pour voir une partie du spectacle gratuitement. Généralement, ces personnes devaient prendre au minimum une bonne heure pour pouvoir se déplacer dans des conditions difficiles et extrêmement dangereuses pour pouvoir infiltrer le site. Ces pertes de revenus sont considérées comme acceptables dans de telles circonstances. Il n'est pas question de risquer la sécurité de nos agents, les assurances n'auraient jamais accepté un comportement aussi risqué, et c'est irresponsable de mettre la vie d'un de mes agents en danger pour quelques dollars.

Lorsque le site est bien clôturé, que les zones sont dégagées, il est facile de placer des agents à distance régulière pour empêcher toute intrusion. On peut alors avoir un taux de blindage approchant les 100 %. Mais lorsque le site n'est pas clôturé partout, que des boisés empêchent un bon contrôle visuel, que la topographie du terrain recèle beaucoup de reliefs, il devient alors presque impossible d'obtenir la note parfaite.

Généralement, sur un tel terrain aussi difficile à protéger, un taux d'infiltration de 5 personnes par 1000 entrées payantes est un excellent rendement. Si on décide de blinder le site à 100 %, on doit donc tenir compte de la difficulté topographique et des risques à prendre pour assurer l'étanchéité de celui-ci. Les responsables de la sécurité doivent être en mesure d'évaluer en pourcentage l'étanchéité probable du site. Ils doivent également trouver les endroits les plus vulnérables du site et essayer de s'adapter le mieux possible à la situation. On doit tenir compte de l'augmentation des coûts pour blinder le site complètement. Si la dépense est disproportionnée face à un risque d'intrusion minime, le jeu n'en vaut probablement pas la chandelle.

Sur le site des Grands Feux Loto Québec, nous avions un périmètre à protéger, une limite qui devait traverser la rivière Montmorency. Chaque année, nous devions passer une corde à laquelle nous attachions des flotteurs afin d'indiquer aux kayakistes la limite à ne pas franchir. Malgré cette limite physique, nous étions régulièrement obligés d'aller cueillir quelques dissidents qui ne croyaient pas que certains de mes agents étaient prêts à avoir de l'eau jusqu'à la taille pour aller les cueillir. Ces gens se croyaient inatteignables. Ce ne sont pas certes tous les agents de sécurité qui sont prêts à se mouiller pour leur travail, mais lorsqu'on a la chance d'avoir les bonnes personnes dans notre organisation, on peut parfois avoir d'agréables surprises. Cet exemple des kayakistes peut sembler assez unique, mais elle ne l'est pas. Chaque site a ses spécificités bien à lui et il faut les évaluer si l'on ne veut pas voir de surprises.

11.2 Une vue d'ensemble

Avoir une vue du site sur une carte topographique est un atout majeur lorsque vient le temps de prendre des décisions afin de blinder un site. On peut y voir les secteurs, le positionnement des agents et analyser en un coup d'œil, toute la répartition de la sécurité du site. Cette vue d'ensemble pourra aider à comprendre pourquoi on ne peut colmater les failles à 100 % ou au contraire, nous aider à étancher le site à 100 %. On prendra bien soin de mettre ces cartes à jour et de les améliorer d'année en année.

Depuis la mise sur pied de Google Earth et Google Map, le travail de gestion de site est devenu plus facile. Ce sont des outils qui ne coûtent rien et il ne faut pas hésiter à les utiliser. Plus on a de points de vue différents du terrain, plus on diminue les chances de laisser des points faibles.

11.3 Que faire des intrus

Lorsque l'évènement dure plusieurs jours, voir plusieurs semaines, il y a généralement une baisse graduelle des tentatives d'infiltration des intrus dans le site. La plupart des évènements se contenteront d'expulser ces contrevenants. Généralement, ce sont des jeunes. On peut demander une carte d'identité pour prendre en note le nom et les coordonnées du contrevenant afin de le dissuader de refaire une seconde tentative. Dans la plupart des cas, ces gens coopèrent et ils suivent sans résister, accompagnant l'agent jusqu'à la sortie la plus proche.

Il peut arriver occasionnellement que certaines personnes se montrent agressives envers l'agent. Dans ce cas, on peut demander l'aide des forces policières et l'on peut porter plainte pour voie de fait si le contrevenant s'est montré agressif envers l'agent. Il n'est pas normal qu'un agent de sécurité se fasse frapper et tolère ce genre d'incident. Être agent de sécurité n'autorise en rien les gens du public à commettre une voie de fait sur lui. Il ne faut pas hésiter à porter plainte lorsque c'est nécessaire. Dans le cadre de son travail, l'agent de sécurité ne doit pas oublier qu'il n'a pas le pouvoir d'arrestation des policiers.

La ligne de conduite que l'on suivra face aux intrus doit être déterminée avant le début des activités. Il faut savoir quelles procédures seront prises contre les intrus avant même que l'on ait intercepté nos premiers indésirables.

11.4 Bien définir le plan de match

En langage simple, cela signifie que l'on doit savoir à l'avance les mesures coercitives que l'on juge acceptables lors du déroulement des opérations. Il faut prévoir la façon dont on traitera les intrus. On doit éviter toute improvisation lors du déroulement de l'activité elle-même.

En cas de litige ou de doute des agents sur le terrain, la chaîne de communication et de commandement doit permettre de résoudre rapidement tout doute concernant la marche à suivre. Mais peu importe le résultat, les responsables de la sécurité ne doivent pas prendre à la légère ces quelques intrusions. Un tel état d'esprit ne peut que déboucher sur un relâchement, une attitude indésirable dans la profession. Chaque intrusion doit être prise au sérieux et on doit analyser les causes ayant permis cette infraction.

12.0 EMPLACEMENTS ET LOGISTIQUE

12.1 Intégrer la sécurité aux comités décisionnels

Lorsqu'un évènement s'organise, la sécurité devrait toujours faire partie du comité qui gère l'activité. Elle devrait toujours être informée de tout ce qui concerne les emplacements des activités et des équipements. Malheureusement, dans la réalité, les gens de la sécurité sont généralement les dernières personnes à être avisées. Les organisateurs sont généralement des hommes d'affaires qui pensent rentabilité. Ils pensent à la manière d'attirer le plus de gens possible, et ce, même s'il n'y a pas toujours suffisamment d'espace pour accueillir tout le monde. Ils vont décider de mettre les estrades à des endroits sans toujours se préoccuper d'une évacuation d'urgence ou sans tenir compte des difficultés à transporter une personne malade ou blessée.

Les gens en chargent d'évènements spéciaux pensent différemment des responsables de la sécurité. Les gens de la sécurité ne doivent pas penser en termes de rentabilité, mais en termes de sécurité. Idéalement, la sécurité ne devrait pas nuire à la rentabilité. Il faut que les responsables de la sécurité initient lentement les gestionnaires, sans les brusquer, en leur expliquant les risques liés à une mauvaise gestion de la sécurité.

Les responsables de la sécurité doivent sensibiliser ces personnes à la réalité géographique du terrain. Ils doivent leur faire comprendre l'importance de laisser par exemple, des zones libres afin de faire circuler des véhicules d'urgence en cas de besoin. Pour les gestionnaires, ce sont des endroits où le public ne pourra se tenir, une possibilité de laisser entrer moins de clientèle sur le site. Ils doivent réaliser qu'une poursuite pour négligence risque de coûter très cher à l'évènement.

On ne le répètera jamais assez, peu importe, le milieu, le déploiement d'un système de sécurité est vue comme une dépense et non comme un investissement. Il y a plusieurs années, dans ce qui devait devenir un grand centre des congrès, les dirigeants du projet avaient oublié de prévoir un local pour la sécurité. On a dû couper une partie du vestiaire pour créer une salle dédiée au travail de la sécurité. Cet exemple illustre bien comment est perçu le domaine de la sécurité dans le milieu des affaires.

12.2 Minimiser les risques ou les problèmes

Les responsables de la sécurité doivent être capables de faire une évaluation de la dangerosité de chaque emplacement, ou activité en place sur le terrain. Par exemple, on installe une génératrice à tel ou tel endroit. Est-ce qu'elle est suffisamment bien protégée ? Si elle est près d'attraction pour les enfants, est-ce qu'un jeune enfant pourrait se glisser entre deux clôtures ? Il n'est pas rare de voir certaines de ces machines protéger par un simple ruban danger ou par des clôtures non sécurisées. Y a-t-il un autre endroit où elle pourrait être déplacée pour être sécuritaire ou simplement pour être moins dérangeante au niveau sonore ? Le travail de prévention en sécurité consiste à voir tout ce qui pourrait arriver, et ce même dans des conditions qui peuvent sembler invraisemblables.

Les nombreux kiosques de restaurations ou de boissons ont parfois besoin de ravitaillement. Quel est le plan d'action ? Est-ce qu'ils doivent le faire en dehors des heures d'ouverture de l'activité ou si un ravitaillement durant l'évènement est possible ? La sécurité et les gens travaillant dans ce secteur d'activité ne font pas toujours bon ménage lors d'évènements spéciaux. Il faut jeter les paramètres de fonctionnement le plus tôt possible pour éviter les problèmes en cours de route. Est-ce qu'on aurait pu placer les kiosques avec un accès par l'arrière, là où le public ne peut aller ? Il faut voir et analyser toutes les possibilités avant l'ouverture de l'évènement, car après, c'est toujours plus de problèmes pour tout le monde.

Les journalistes ont accès au site avec leurs camions émetteurs. Est-ce qu'il y a un risque d'accident possible s'ils doivent reculer dans la foule ? Est-ce qu'un agent dans le secteur peut gérer cette situation et garantir qu'il n'y aura jamais personne derrière le camion lorsqu'il aura à reculer ? Ces gens doivent couvrir parfois plusieurs évènements dans la même journée. Ils doivent aller rapidement d'un endroit à un autre pour couvrir l'actualité en temps réel. Il faut donc s'assurer qu'ils ne deviennent pas eux-mêmes le sujet de cette actualité.

12.3 Les commanditaires

Souvent les gros commanditaires de l'évènement ont un kiosque ou une tente sur le site de l'évènement. Ces gens ont tendance à exiger des privilèges qui ne sont pas toujours faciles à respecter. Que ce soit pour protéger du matériel supplémentaire non prévu ou que ce soit simplement pour laisser un espace dégager autour du kiosque, il faut s'assurer que tout ce fasse sans oublier la règle première qui est la protection du public.

Est-ce que l'emplacement du kiosque aurait pu être à un autre endroit qui aurait fait le bonheur de tous ? Ces gens ont souvent des invités de marque qui demandent une escorte de protection. Il faut s'assurer que l'accès au kiosque puisse se faire de manière fluide et sécuritaire. Il ne faut surtout pas que ces escortes deviennent un irritant pour le public.

Généralement, les gestionnaires d'organisations d'évènements spéciaux marchent sur des œufs avec les entreprises qui génèrent de l'argent neuf au sein de l'évènement. Le personnel de la sécurité doit généralement se plier à toutes leurs exigences. Si l'on doit faire une opposition à une demande d'un tel commanditaire, il faut que le dossier de refus soit bien documenté. Pour quelles raisons ne peut-on pas répondre à la demande ? Est-ce qu'il y a des compromis possibles ? Quelle solution alternative peut-on proposer pour résoudre le problème ?

Beaucoup d'agents de sécurité ne seront pas d'accord avec ce que je vais dire, mais il est important que le chef de secteur connaisse ces gens afin de leur faciliter la vie. Si ces responsables en viennent à bien connaître l'agent de liaison que devient le chef de secteur, ils deviendront plus coopératifs en cas de refus. Cette stratégie nous a épargné énormément de problèmes lors de telles demandes.

12.4 Les VIP

Tous les évènements spéciaux ont leurs invités VIP. La sécurité doit être consciente de tous les problèmes que peut apporter la gestion de cette clientèle favorisée. Si possible, on prévoira un endroit facile d'accès et également facile à défendre si le public veut se faire plus pressant pour diverses raisons comme des demandes d'autographes ou simplement pour donner une poignée de main à leurs idoles.

Généralement, les VIP sont une source de publicité ou de prestige pour les organisateurs de l'évènement. Si vous souhaitez perdre rapidement le contrat, créez des conflits avec les VIP et leur entourage. Si l'on doit refuser une demande face à un VIP, on doit pouvoir en justifier la raison. Il faut que la raison soit claire, logique et facile à comprendre, tant pour le VIP que pour les organisateurs. Or, si en dernier lieu l'organisation vous oblige à vous plier à la demande du VIP, alors et que survient un accident à celui-ci, vous pourrez vous défendre avec plus de facilité en cas d'enquête. Dans la plupart des cas, si l'on refuse un privilège à une personnalité importante, ce sera par souci de sécurité.

12.5 En cas de pluie

En cas d'averses imprévues, les gens vont se ruer dans les lieux intérieurs afin de laisser passer l'ondée. Il faut prévoir les conséquences qu'aura cet attroupement dans les zones abritées. Il faut être capable de laisser des zones de circulation dégagée en tout temps. Il faut donc évaluer l'effet qu'aura cette congestion subite sur chacun des endroits pouvant accueillir ce flot de personnes.

De plus, il n'est pas rare que même les agents de sécurité tentent de se mettre à l'abri sans s'occuper du poste qu'ils ont à surveiller. Il faut s'assurer que les agents aient des imperméables à portée de la main. Un bon agent de sécurité vérifiera la météo la veille de l'évènement et avant de partir le matin.

Un point important à surveiller en cas de pluie est la morphologie du terrain. En cas de pluie abondante, des rigoles dangereuses peuvent se créer. Si l'évènement a lieu à l'extérieur, dans un site naturel, des petits bouts de terres peuvent partiellement s'affaisser entraînant quelques personnes avec elles. Il faut prévoir que si le chemin que doivent emprunter quelques milliers de personnes dans la soirée se retrouve inondé, ça ne fera pas une très bonne impression si le public doit marcher dans l'eau. Il faut prévoir les difficultés que peuvent entraîner des pluies diluviennes subites.

Finalement, chaque pièce d'équipement, que ce soit de l'équipement de sonorisation, d'éclairage, d'estrade ou chaque bâtiment requière une analyse qui lui est propre. Il faut évaluer les risques, les conséquences, prévoir les imprévues et faire un bilan des risques en cas de pluie.

13.0 PROCÉDURES POUR LES AMBULANCES

La plupart des évènements ont un service de premiers soins et des personnes-ressources qui se déplacent sur le terrain. On peut penser, entre autres, aux gens de la Croix Rouge ou de l'Ambulance St-Jean. Ces gens ont pour tâche de s'occuper de tout ce qui touche le domaine des premiers soins et des blessures que peut subir la clientèle sur les lieux.

Naturellement, si ces organismes ne sont pas présents lors d'activités, le service de sécurité devra s'assurer d'avoir un certain nombre d'agents sur le terrain, qui ont suivi leurs cours de secourisme. Les nouveaux agents qui sortent des collèges de formation sont généralement formés comme premiers répondants. Comme ils possèdent une bonne formation, il est bon de garder plusieurs de ces agents dans les zones à risques.

À partir du moment où il y a un organisme attitré pour gérer les premiers soins sur le terrain, la décision devrait leur appartenir sur les besoins de faire venir une ambulance ou pas. Ça sera eux qui auront la responsabilité de passer l'appel. Il faut éviter les doublons qui causent souvent plus de problèmes qu'ils n'en résolvent. Une rencontre avec les responsables de l'organisation de l'évènement spécial, des gens du stationnement s'il y en a, du service de police responsable des rues avoisinantes et de l'organisme qui s'occupera des premiers soins est nécessaire avant le début des activités. On profitera de cette réunion pour mettre en place les protocoles nécessitant l'appel d'ambulance, le déplacement des blessés sur le terrain et tout ce qui touche ce sujet. Idéalement, les premiers soins posséderont au moins une radio sur la fréquence de la sécurité, afin de pouvoir être facilement contactés et dirigés par la sécurité vers le bon emplacement.

Il est fortement conseillé que les chefs de secteurs rencontrent le personnel des premiers soins. Établir de bonnes relations est un gage d'efficacité en cas d'urgence. On ne cesse jamais d'apprendre dans le domaine de la sécurité. Ces gens ont une vision différente de celle de la sécurité. Ce regard complémentaire pourra se révéler utile, nous permettant de voir occasionnellement des situations ou des problèmes que l'on n'avait pas vus à prime abord.

Il ne faut pas oublier que si les intervenants en premiers soins gèrent la personne blessée ou incommodée, l'agent de sécurité doit gérer la foule autour. L'agent ne doit pas hésiter à demander l'aide de quelques personnes du public s'il est débordé et que la foule se montre indisciplinée.

13.1 Déplacement sur le site

Faire entrer une ambulance sur un site et le faire sortir rapidement est un travail de coordination. Si les chefs de secteurs et d'équipe ne sont pas préparés, cela peut amener plusieurs complications. Il faut que les agents à l'entrée soient prêts à ouvrir le passage de l'ambulance sans que celle-ci soit obligée de s'immobiliser complètement. S'il y a des gens préposés au stationnement, un travail de coordination sera nécessaire. À partir du moment que le véhicule est sur le site, le poste de commandement doit être informé à tout moment de sa localisation.

On prévoira, lorsque c'est possible, des chemins protégés afin de faciliter le déplacement de l'ambulance sur le terrain. On ne doit pas laisser l'ambulance seule dans une foule. Il faut qu'elle soit accompagnée par des agents de sécurité à pied qui vont lui ouvrir le chemin et s'assurer qu'aucun incident ne puisse survenir avec des piétons.

Naturellement, comme on a prévu différentes entrées pour les véhicules d'urgence, on utilisera la plus proche afin de limiter les déplacements du véhicule dans la foule. Si l'ambulance ne peut reculer, il faudra prévoir suffisamment d'espace pour qu'elle puisse faire demi-tour. Si l'activité engendre des embouteillages à l'extérieur du site, il faudra s'assurer la collaboration de la police afin d'ouvrir une voie d'évacuation rapide à l'ambulance.

13.2 L'information à transmettre

Généralement il y a plus d'agents de sécurité sur le terrain que de personnel de premiers soins. Le public se tournera donc naturellement vers les agents de sécurité pour obtenir de l'aide en cas de malaise ou blessures. Il faut donc que l'agent puisse contacter son supérieur ou le poste de commandement pour que l'on puisse diriger rapidement les premiers soins au bon endroit. Il ne faut pas que les gens des premiers soins perdent du temps à chercher leurs patients. L'agent avec la personne blessée ou malade doit pouvoir expliquer clairement sa localisation, d'où l'importance d'un secteur bien quadrillé et bien identifié. Si d'autres agents sont disponibles dans le secteur, ils prendront en main les gens des premiers soins et les guideront au bon endroit.

L'agent pourra donner des informations sur l'emplacement de la victime et quelques coordonnées de base comme le sexe, l'âge, l'état de conscience, la nature de la blessure. **Attention :** sous aucun prétexte, l'agent ne doit faire de diagnostic médical. On évitera également de donner le nom de la victime ainsi que des renseignements personnels sur les ondes.

Cependant, les secouristes peuvent donner de l'information, lorsque c'est possible, sur l'état de conscience de la personne, ainsi que la nature de la blessure. Ils pourront communiquer l'âge et le sexe de la victime.

Dès que les secouristes s'occuperont de la personne blessée ou malade, le chef d'équipe ou responsable de secteur devra prendre les coordonnées des témoins s'il y a eu des témoins et si cela est nécessaire, il devra noter leurs noms, numéros de téléphone et fournir une courte description de ce qui est advenu. L'agent ou le responsable du secteur devra prendre note de l'heure de l'appel. Si c'est un accident dû à un bris matériel, des photos doivent être prises le plus tôt possible. Il faut s'assurer qu'un nouvel incident ayant la même cause ne puisse se reproduire. L'agent doit sécuriser cet espace.

13.3 Procédures en cas d'urgence impliquant un besoin d'ambulance

Certaines activités peuvent se payer une ambulance qui demeure à temps plein sur le site des activités. Mais cela n'est malheureusement pas le cas de la plupart des activités. Lors de la rencontre de coordination des différents services, la sécurité demande à l'organisation s'ils peuvent s'informer du temps de déplacement d'une ambulance dans le secteur où a lieu l'activité.

L'appel de l'ambulance par les services d'urgences. Idéalement, il faut un numéro direct pour éviter les inconvénients du 911. L'appel devrait se faire par les services de premiers soins. Le poste de commandement devrait toujours prendre en note l'heure que l'ambulance a été appelée, son heure d'arrivée et de départs.

Si l'évènement congestionne le trafic automobile autour du lieu de l'évènement, il est nécessaire d'avoir les numéros de téléphone du policier responsable afin de faire ouvrir la voie pour l'ambulance. Une ambulance qui prend trop de temps à arriver sur un site d'évènements spéciaux, ce n'est jamais une bonne publicité.

S'assurer du déplacement fluide de l'ambulance sur le terrain. S'il y a des agents de stationnement qui œuvrent pour l'organisation, s'assurer de leur collaboration.

Si possible, délimitez une zone protégée près du patient afin que l'ambulance puisse se déplacer de manière sécuritaire. Si l'on ne peut amener l'ambulance au patient, il faudra faciliter le travail des ambulanciers pour mener le patient à l'ambulance.

Coordonner le départ de l'ambulance.

Le poste de commandement doit noter les heures de départ et d'arrivée de l'ambulance ainsi que toute information nécessaire à l'écriture d'un rapport détaillé concernant cette intervention.

13.4 Produire un rapport détaillé de l'incident

Le premier agent de sécurité et le chef de secteur doivent présenter un rapport détaillé de l'incident ou de l'accident dans les plus brefs délais. Ils peuvent écrire un rapport complet ou ils peuvent disposer de feuilles de rapports préétablis tels que l'on en trouve maintenant dans la plupart des agences de sécurité professionnelles.

14.0 LES BOISSONS ALCOOLIQUES

Dans la plupart des évènements spéciaux, il y a présence d'alcool. Si certains évènements permettent aux gens d'apporter leurs boissons alcoolisées, il en va tout autrement pour la plupart des évènements spéciaux. La vente de boissons alcoolisées est une source de revenue appréciable pour les organisateurs de ces évènements. On comprend pourquoi, de prime abord, on ne peut permettre l'entrée de boissons alcoolisées sur le site. Naturellement, beaucoup de personnes au sein du public, ne partage pas ce point de vue.

Les boissons alcoolisées achetées sur le site des évènements sont généralement plus onéreuses. Ce prix plus élevé amène une diminution de consommation d'alcool sur le site et limite par le fait même les besoins d'intervention de l'équipe de la sécurité. Autre facteur à considérer, on sert généralement les gens dans des verres en carton ou en plastique, évitant ainsi de laisser des projectiles dangereux entre les mains de personnes aux facultés affaiblies.

14.1 Déterminer les règles avec les organisateurs

Normalement, lorsque prend l'information pour le contrat, on devrait déjà savoir les informations pertinentes concernant les boissons alcoolisées. On n'oubliera pas cependant d'en rediscuter lors des réunions d'organisation afin d'éviter toute ambiguïté possible sur la procédure à suivre. Si l'alcool est interdit sur le site, on devra à ce moment installer des agents pour faire un contrôle de boisson rigoureux.

On ne peut fouiller un sac d'une personne sans son consentement, il faut lui demander la permission de regarder dans le sac. On peut se contenter de faire une fouille visuelle ou par tâtonnement. On peut choisir d'effectuer une fouille systématique avec le consentement du propriétaire. On fera ouvrir le sac par la personne elle-même. On prendra soin d'inspecter les chaises pliantes, les parapluies et autres objets pouvant sembler inoffensifs.

14.2 Les contenants de verre

Certains évènements spéciaux se déroulent dans des endroits comme des parcs naturels. Ce sont des endroits où les gens peuvent en profiter pour faire un pique-nique tout en se préparant pour l'activité. Il faut à ce moment que les règles soient claires pour les agents de sécurité, à savoir si les gens peuvent apporter leurs bouteilles de vin.

On prévoira également avant le début de l'évènement si les contenants de verre sont tolérés sur le site. Tout ce qui est en vitre peut devenir un danger potentiel s'il se casse. On n'a qu'à échapper un contenant de verre dans une zone de fort achalandage pour qu'une personne en sandale se coupe à un pied ou qu'un enfant se blesse.

14.3 Afficher les règles

Si l'on interdit les boissons alcoolisées et les contenants de verre, il faut que ce fait soit signalé sur des affiches suffisamment grandes, et ce, à chacune des entrées où il y aura contrôle de boisson. Il est important que cet affichage soit présent à toutes les entrées et soit très visible. Idéalement, il faudrait que ça soit également inscrit au dos du billet d'admission, ce que font déjà plusieurs organisations.

Si ces règles ne sont inscrites à aucun endroit, vous pouvez être certains que les agents de sécurité attitrés au poste de contrôle des boissons alcooliques passeront une bonne partie de leur travail à argumenter avec les gens. La technologie nous facilite la tâche par le biais de l'affichage de l'évènement sur internet. On pourra demander de mettre une page sur les règles de sécurité sur le site incluant le refus de laisser entrer des boissons alcoolisées.

14.4 Saisies des boissons

Lorsqu'il y a saisi de boissons alcoolisées, on peut généralement procéder de deux façons distinctes. Dans un premier temps, on peut simplement obliger les gens à retourner leurs boissons à leurs voitures quand c'est possible ou leur faire jeter leurs précieux breuvages s'ils désirent entrer sur le site. Les gens obligés de jeter le contenu de leurs bouteilles n'apprécieront pas ces dépenses supplémentaires.

On peut dans un second temps garder les contenants en consignations que les gens devront venir récupérer après la soirée. Cette façon de faire n'est pas très agréable pour les agents de sécurité qui doivent identifier à l'aide d'étiquettes autocollantes, chacune des bouteilles en remettant une copie du numéro au propriétaire. C'est beaucoup plus de travail pour la sécurité, mais les gens apprécient retrouver leurs biens. Il faut que les agents de sécurité signalent de façon claire et précise l'endroit où les gens pourront récupérer leurs précieux liquides. Les agents doivent prévoir des bacs de plastiques suffisamment solides afin de transporter les bouteilles à l'endroit de récupération si ce n'est pas au même endroit que les bouteilles ont été saisies.

14.5 Un public ingénieux

Les gens débordent d'imagination lorsqu'il s'agit d'entrer des boissons alcoolisées en fraude sur un site. Les manteaux comportant de nombreuses poches sont difficiles à contrôler. Les gens apportent le précieux liquide dans des gourdes flexibles. Que ce soit dans le repli d'une chaise de parterre, ou avec les couches de bébé, sur un achalandage intense, où le temps presse, il devient difficile de tout confisquer, surtout lorsqu'on ne peut faire de fouille complète. Il faut trouver le bon agent pour cette tâche. À la façon d'un bon douanier, le bon agent a un sixième sens pour sentir ces gens et contourner leur cachette.

15.0 LA GESTION DES MÉDIAS

Même si sécurité et média ne font pas toujours bon ménage, il faut apprendre à bien traiter les gens des médias qui gravitent autour de nous. Le travail de la sécurité devrait faciliter l'accès aux médias. Si vous ne leur facilitez pas l'accès au site, il y a de fortes chances pour que l'évènement ait des critiques défavorables à la moindre contrariété.

Il ne faut pas confondre l'action de faciliter le travail des médias et accepter de donner une entrevue. Il n'appartient pas au service de sécurité de divulguer certaines informations concernant l'évènement. Il y a des gens attitrés pour parler au média. Lorsqu'il y a incident ou accident, les agents de sécurité sur le site deviennent fortement sollicités par ces représentants. Leur travail consiste à donner et à obtenir de l'information. Les agents sur le terrain doivent être informés sur le fait qu'ils ne doivent en aucun cas divulguer de l'information à qui que ce soit. Ils doivent plutôt diriger les journalistes vers les bonnes ressources.

En théorie, l'organisation qui gère l'évènement devrait avoir son propre personnel pour s'occuper des médias. En pratique, la sécurité est plus souvent qu'à son tour sollicité pour donner un coup de main à une organisation qui se retrouve souvent débordée. Donc, mieux vaut prévoir la situation et se tenir prêt à seconder l'organisation dans la gestion des médias, même si ça ne devrait pas être la tâche du service de sécurité. Les responsables apprécieront l'aide apportée. La sécurité doit apprendre à se rendre indispensable pour une organisation qui gère des évènements spéciaux.

15.1 Le stationnement

On doit prévoir deux types de facilité pour les médias. D'abord, un espace de stationnement qui soit proche du lieu des activités. Les journalistes sont habitués à être bien traités et à avoir des privilèges que le spectateur payant n'a pas. On doit donc prévoir un espace de stationnement accommodant, facile d'accès pour les journalistes. Ils doivent pouvoir entrer sur le site rapidement en évitant les longues files d'attente que les spectateurs doivent généralement subir. Ils doivent avoir l'impression qu'on les prend en charge et que l'on s'occupe d'eux à la façon d'un VIP Donc, il faudra prévoir une entrée secondaire où les journalistes n'auront pas à faire une longue attente. Lorsque c'est possible, on ne doit pas les laisser chercher par eux-mêmes où se trouve tel kiosque ou tel emplacement. L'encadrement doit être total, leur permettant ainsi de sauver temps et effort. Si l'on réussit à leur enlever le stress des déplacements sur le terrain, le travail de la sécurité est en partie réussi sur cet aspect. Bien sûr, le chef de secteur peut demander aux représentants des médias s'il peut les aider d'une quelconque façon. Dans bien des cas, il ne pourra en faire plus, mais cette offre sera généralement appréciée.

On prévoira également des espaces de stationnement proches des activités pour les camions d'équipements. La retransmission vidéo se faisant très souvent en temps réel, il faut que les techniciens puissent déployer leur antenne et leur filage sans complication. La distance doit être courte et doit dans la mesure du possible éviter le contact avec le public. On peut utiliser les corridors d'urgence ou réservés pour cela, mais sans cependant nuire au passage des véhicules d'urgence. Penser que plus il y a de fils sur le sol au travers de la foule, plus les risques de blessures aux chevilles augmentent. Heureusement, de nos jours, les équipements sans fil facilitent de plus en plus notre vie concernant cet aspect.

15.2 Le contact avec les médias

Les évènements d'envergure ont généralement des personnes attitrées aux médias. La sécurité de l'évènement doit absolument avoir des rencontres régulières avec ces responsables. La sécurité doit connaître les médias officiels qui sont accrédités. Elle doit connaître également la marche à suivre avec les médias qui n'ont pas d'accréditation officielle. Où les réfère-t-on ? Que faire d'eux à l'entrée ? Est-ce qu'il y a des directives particulières les concernant ? Il est généralement impossible d'avoir un horaire exact de la visite des médias. Conséquemment, il faut toujours être prêt à s'adapter à une visite surprise.

Si l'on attribue des agents uniquement pour les médias, une petite visite internet pour connaître les principaux journalistes ou du moins les principaux médias de la région peut se révéler très utile. Un dossier avec photos et les noms des journalistes les reliant à leurs médias respectifs peuvent éviter de nombreux désagréments à tout le monde. De plus, saluer le journaliste en nommant son nom de famille ne peut que flatter son égo et lui rendre l'évènement plus agréable, générant une critique favorable de plus.

Il arrive parfois que certains agents n'apprécient pas le contact des médias. Ils doivent apprendre à laisser leurs sentiments de côté. Ce ne sont pas eux qui sont en cause, mais l'évènement. Alors la politesse, la gentillesse et la courtoisie sont de mises. En cas de conflit de personnalités, on changera l'agent d'endroit. On devra éviter tout contact qu'il pourrait avoir avec les médias.

15.3 Les espaces réservés sur le site

Dans la plupart des évènements spéciaux, un endroit déterminé est généralement attribué aux médias. On ne peut cependant pas les restreindre uniquement à cet endroit. Les médias sont une publicité gratuite et lucrative de l'évènement. Il faut les considérer comme un placement et non comme un inconvénient. Lorsque c'est possible, on doit tenter de répondre aux demandes spéciales de ces professionnels de l'information. En cas d'incertitude, il faut transmettre le problème aux responsables des médias de l'information.

Si ça n'a pas été prévu, il faut créer un espace réservé aux médias. On peut protéger cet espace par des clôtures, ou réserver une petite portion des sièges sur une estrade. Il faut que cet endroit soit rapide d'accès autant pour l'arrivée des journalistes que pour leur départ.

En aucun cas on ne doit laisser le public traverser la bulle d'interview créée entre le journaliste, la caméra et la personne interviewée. Si possible, on tentera de délimiter une zone où les journalistes n'entreront pas en contact rapproché avec le public. Si les caméras filment un spectacle, on verra à garder lorsque possible, une zone dégagée où ils pourront être tranquilles.

Lorsque vous voyez qu'un agent a de la facilité avec les médias et que ces gens semblent l'apprécier, il faut alors le laisser à ce poste. Évitez de changer d'agent si le dernier en liste fait bien le travail. Ce poste en est un de relation humaine, il faut exploiter au maximum les talents de relationniste de l'agent en place.

On peut également penser à réserver une toilette qui leur soit attitrée si c'est possible. Ça fait partie du traitement de faveur qu'on doit leur accorder. Sur le terrain, si le site est vaste, on pourra lorsque l'endroit est loin, utilisé des transports internes (voiturette de golf ou autres) pour faciliter les déplacements des journalistes.

15.4 Bien renseigner les agents en place

Lorsque des problèmes surviennent avec les médias, ça se situe rarement au niveau des dirigeants de la sécurité. Ce sont généralement les agents de sécurité du bas de l'échelle qui n'ont pas reçu de directives claires sur la procédure à effectuer avec les médias.

Il est important pour les chefs de secteur de bien renseigner leurs agents et de s'assurer que ceux-ci ont l'entregent et la diplomatie suffisante pour gérer la visite des médias. N'hésitez pas lors des réunions à demander aux agents susceptibles de rencontrer des gens des médias, de vous expliquer la procédure qu'ils ont à suivre. Ils n'apprécieront probablement pas cette demande, mais c'est certainement préférable d'exiger cela plutôt que d'essayer de réparer les pots cassés.

16.0 LA SÉCURITÉ MATÉRIELLE

La plupart des agents de sécurité ont tendance à limiter leur travail à la tâche qui leur a été attribuée. Pourtant, ils peuvent faire tellement plus sans trop d'efforts et sans nuire d'aucune façon à leur travail.

Généralement, les évènements spéciaux se tiennent sur des sites qui sont adaptés pour l'évènement. On y apporte tout l'équipement nécessaire au bon déroulement des activités, qui ont une durée très courte dans le temps. Lorsque les techniciens d'éclairage, de sons, ou encore les équipements d'amusements mécaniques s'installent, c'est souvent la pagaille. Ils sont généralement pressés par le temps, car dans la saison forte, ils vont de contrat en contrat.

Une multitude de dangers plane constamment sur les lieux physiques où se déroule l'activité. Cela peut aller de la simple égratignure sur un «tie-wrap» coupé en passant par une blessure plus grave par un manque d'éclairage, ou une simple vis qui dépasse. Plusieurs incidents pourraient être évités par les agents de sécurité en place, à condition bien sûr qu'ils soient sensibilisés à ce genre de choses.

Chaque accident évité est une économie de temps et d'argent pour l'organisation qui gère l'évènement. Les poursuites en justice sont de plus en plus nombreuses de nos jours. Si plusieurs procédures judiciaires ont lieu durant la durée de l'évènement, les services de sécurité seront probablement pointés du doigt. C'est dans la nature humaine de jeter le blâme sur autrui. Une année où l'évènement a lieu sans incident, sans accident et sans poursuite dus à des négligences matérielles, ne pourra qu'avoir des retombées positives sur tous les gens qui gravitent autour de l'organisation. Il faut amener les agents de sécurité à prendre conscience et à développer une façon de penser qui est orientée vers la protection du public, et ce, dans les moindres détails. L'agent de sécurité bien entraîné ne pourra s'empêcher de regarder une rampe d'escalier chancelante, un trou dans le sol ou un défaut quelconque du terrain et de se dire que ce n'est pas sécuritaire. Cette façon de penser ne se fait pas naturellement, elle se développe au fil des années.

On peut s'entraîner en recherchant simplement la petite bête noire à chacune des activités où l'on va. La question à se poser est simple : dans mon secteur, qu'est-ce qui peut être dangereux ou blesser une personne ? Il y a toujours un risque potentiel minime partout. Il faut s'entraîner à déceler ce risque et à voir comment on pourrait le minimiser.

L'agent de sécurité ne doit plus être simplement réactif, il doit être préventif. Cet état se développe avec le temps. La première étape est simple, soit de prendre conscience des dangers cachés qui peuvent exister. Il faut apprendre à penser différemment et la première question à se poser est simple : « Qu'est-ce que je ne vois pas et qui pourrait causer des blessures ? » En poursuivant sur la même veine, il peut se poser la même question, mais en supposant que le danger guette des enfants, ensuite des personnes âgées. L'agent doit apprendre à se questionner. Cette façon de penser devient très rapidement un automatisme. Protéger la clientèle est l'un des aspects principaux de l'agent de sécurité lors d'évènements spéciaux.

16.1 L'éclairage adéquat

Il est important pour un agent de sécurité de prendre conscience d'un éclairage adéquat. Il n'est pas rare de voir passer des fils sur le sol alors que la partie du sol est justement dans une zone d'ombre. Peut-on rajouter de l'éclairage ou du moins signaler ce fil plus efficacement ou encore le recouvrir de manière à ce qu'il devienne sécuritaire ?

Un escalier devrait toujours avoir un éclairage adéquat. La première marche devrait être visible ou du moins signalée le mieux possible. L'éclairage devrait être suffisant pour que les gens puissent voir de l'eau ou une tache d'humidité sur une marche. Si ce n'est pas le cas, un agent de sécurité devrait se tenir près de l'escalier pour informer les gens des risques de glisser sur cette plaque humide. Les escaliers extérieurs en milieu naturel comportent souvent des zones où des végétaux décomposés se transforment en plaque dangereuse. Une inspection de l'escalier et un entretien adéquat devraient prévenir ces risques de chutes.

Toutes les zones de déplacement de foule devraient avoir un éclairage suffisant et disposer d'un éclairage d'appoint en cas de panne de courant. Naturellement, œuvrant de soir, les agents sont équipés de lampes afin de faire face aux imprévus. Il y aura toujours quelqu'un pour essayer de retrouver sur le sol quelque chose qu'il a perdu, et ce, même s'il est au milieu d'une foule qui risque de le piétiner.

Il faut faire attention à bien orienter l'éclairage. Si le manque d'éclairage est dangereux, un projecteur trop puissant peut l'être tout autant. Il ne faut pas que les gens s'accrochent et se blessent parce qu'ils ont été aveuglés par une lumière trop éblouissante.

Dans les évènements tenus dans des champs ou endroits plus rustiques, il peut y avoir des fossés, des trous, des roches, etc. Il faut que ces endroits soient bien indiqués et éclairés si l'on souhaite minimiser les risques en cas de poursuites. S'il y a de petits animaux, une entrée de terrier est un piège parfait pour se fouler une cheville.

Il faut penser que dès qu'il y a manque d'éclairage, il y a négligence de la part de l'organisation de l'évènement. Il est généralement très facile de combler ces manques. Si l'organisation ne fait rien pour corriger l'éclairage après le dépôt de votre rapport, au moins vous saurez que vous avez fait ce qui était nécessaire pour éviter ces risques d'accident. Personne ne pourra vous faire de reproches.

16.2 Profitez des temps morts

Il est assez rare qu'un agent soit débordé sur toute la durée de son chiffre. Il peut profiter de ces moments tranquilles pour faire le tour de la zone où il travaille. Dans un des contrats que je dirigeais, il y avait un gradin temporaire de plus de 6 000 places assises. Durant les trois semaines d'utilisation de cette structure gigantesque, les mouvements de la foule faisaient en sorte qu'occasionnellement des vis pouvaient ressortir. Rien qui à première vue pourrait sembler dangereux, mais c'est suffisant pour qu'une personne âgée trébuche sur cet obstacle et qu'une blessure grave s'en suive. Naturellement, dans une telle situation, il y a risque de poursuite contre l'organisation. Les agents ayant pour fonction de sécuriser ce gradin (une surveillance de 24 h/24 h) ne demandaient pas mieux que d'avoir quelque chose à faire. Ils se chargeaient volontiers de vérifier ces fameuses vis tout en se promenant sur le gradin. Lorsqu'on a fait la demande aux responsables de l'évènement de laisser une perceuse afin de visser ces vis, notre demande a été accueillie avec surprise et grande satisfaction. Les agents de surveillance n'ont pas eu la tâche difficile et la sécurité venait de monter d'un cran dans l'estime de l'organisation.

16.3 Apprendre à voir les dangers potentiels

L'agent de sécurité doit apprendre à voir les dangers dans les endroits les plus inusités. Les toilettes chimiques sont près d'un nid d'abeille, on a oublié de tenir compte de la montée d'une rivière lors de pluie intense, les dangers cachés prennent parfois des chemins tortueux. Presque tous les évènements spéciaux utilisent des clôtures ou des tréteaux de bois pour diriger la foule ou pour restreindre la mobilité de celle-ci. Il faut être conscient des dangers que représentent de tels types de clôture. Une personne se déplace le long d'une telle barrière et déchire sa robe parce qu'une broche quelconque dépassait ! D'après vous, sur qui tombera le blâme ?

On peut utiliser de la clôture Mills (aussi appelé antiémeute) pour définir un périmètre que la foule ne puisse pas dépasser. On l'utilise dans les spectacles, pour les défilés et dans toutes sortes d'occasions. Comme c'est une clôture relativement basse, elle n'obstrue pas la vue des gens. À partir du moment que les gens n'ont pas à circuler vraiment le long de la clôture, il n'y a pas de problèmes à utiliser ce type de clôture si elles ont été bien installées. Ce type de clôture trouve sa force dans l'ensemble des clôtures. Elles sont faites pour s'emboîter les unes dans les autres. Si une des clôtures est mal emboîtée et que la foule exerce une pression suffisante contre la clôture, la clôture peut tomber et les gens qui se sont appuyés sur elle peuvent avoir des blessures. S'il est prouvé que la clôture a été mal fixée, il peut y avoir place à des poursuites. Les agents de sécurité en place devraient inspecter ces clôtures. Il ne faut pas se gêner pour les brasser afin de vérifier leurs stabilités. Il existe plusieurs générations et marque de clôtures qui, si elles semblent semblables à première vue, ne s'emboîte pas les unes aux autres. Il faut faire attention pour utiliser la même sorte de clôture si l'on veut qu'elle s'emboîte solidement et sécuritairement.

Si ce type de clôture est excellent pour faire un périmètre, ce n'est cependant pas l'idéal pour une foule qui se déplace le long de telles clôtures. Si l'on utilise ces clôtures comme corridor, il faut créer un espace suffisamment large en tenant compte du débit de la foule de manière à éviter que les gens ne trébuchent sur les pieds des clôtures. Ces clôtures ont des pieds qui peuvent dépasser dans certains cas jusqu'à 50 centimètres. Si l'on n'a pas le choix d'utiliser ce type de clôture pour un corridor, il faudra que l'éclairage soit suffisant. Idéalement, on devrait laisser des gens de place en place en signalant aux gens de faire attention aux pieds des clôtures. De cette façon, on démontre qu'on a fait tout ce qui est nécessaire pour éviter les risques de blessures. On utilise de nos jours d'autres types de clôtures afin d'établir un périmètre plus en hauteur. Le but de ces clôtures est d'empêcher les gens d'entrer dans une zone protégée et non seulement de les diriger. Que ce soit de l'Oméga ou d'une autre marque, il faut prendre soin d'inspecter régulièrement ces clôtures. Bien que d'une résistance incroyable, ces clôtures ne sont pas tout à fait invulnérables. Elles sont généralement fortement malmenées, se promenant d'un endroit à un autre. Faites de broches de métal, il peut arriver qu'une soudure lâche sous cette sur manipulation. La clôture devient alors dangereuse pour les gens qui auront à la côtoyer. Elles sont dangereuses pour les vêtements, mais également pour le corps et le visage. Une inspection régulière est nécessaire lorsqu'on utilise ce genre de clôture. Ici aussi, on peut signaler à l'organisation que l'on va inspecter régulièrement ces clôtures. On peut donner un rapport indiquant la fréquence où auront lieu ces inspections.

Ce type de clôture peut se poser de deux façons. D'un côté, on retrouve une barre métallique qui cache le bout des broches ou du moins les bouts qui dépassent ont été coupés. De l'autre côté, chaque broche de métal dépasse de façon à empêcher que l'on mette les mains dessus pour la gravir. Il faut être conscient du côté que la clôture sera installée. Si c'est pour prévenir l'intrusion et que l'on décide de mettre le côté dangereux en haut, il ne faudra pas que le public à l'intérieur de l'enceinte du site puisse venir près de ces clôtures. Les gens ont tendance à s'appuyer sur tout ce qui se trouve à porter de la main. Une clôture n'est jamais très esthétique et visuellement agréable. C'est une nécessité qui est dictée par les conditions du moment. Si par contre on peut faire en sorte d'éviter la pose de clôture ou d'utiliser des clôtures plus basses par esthétismes, l'organisation de sécurité fera part de ces commentaires à l'organisation en expliquant le point de vue de l'esthétisme. L'organisation qui est sérieuse appréciera tout ce qui peut améliorer l'image de l'évènement.

On peut également utiliser les clôtures pour déterminer un périmètre autour d'installation dangereuse. Si la zone est destinée à accueillir beaucoup de gens en même temps, il faudra alors tenir compte du danger de la clôture de protection elle-même. Lorsque l'utilisation de telle clôture est inévitable, on peut minimiser les risques de blessures en retirant tout simplement les pieds des clôtures. On pourra assurer la stabilité de l'ensemble par d'autres méthodes comme les bons vieux collets de sécheuse.

16.4 Le ruban danger

On peut utiliser du ruban danger pour les zones où il n'y a pas trop de pression. Rapide à installer, le ruban danger peut se révéler un aide précieux pour la gestion de la sécurité dans les évènements spéciaux. On peut l'utiliser à toutes les sauces. Il arrive parfois qu'il faille fermer momentanément un secteur pour des réparations d'urgences ou pour toute autre raison. Si la fermeture est temporaire, le ruban permettra de délimiter rapidement un périmètre interdit au public. Il ne faut pas oublier d'en faire l'achat avant le début des activités. Bien que ce ruban soit inesthétique, il fait maintenant partie du paysage des évènements spéciaux. On peut l'utiliser pour compenser un manque de clôture lorsqu'il faut délimiter une zone. Attention à ne pas l'utiliser dans une zone où la pression de la foule est trop forte. Il y aura toujours quelqu'un pour prendre un malin plaisir pour déchirer le ruban. Il est également très pratique pour créer des corridors de passage. Il permet de guider le public efficacement vers les zones adéquates. Si le périmètre de l'autre côté du ruban est à autorisation restreinte, il faudra cependant laisser des agents pour dissuader certaines personnes.

16.5 Signalez les incidents même minimes

On doit signaler aux dirigeants tous les incidents même s'ils semblent mineurs. On pourra faire un rapport indiquant que des agents de sécurité ont été obligés de réparer un clou ou une vis qui sortait d'une rampe d'escalier temporaire et où il y avait un risque potentiel de déchirure de vêtements. On oriente alors notre rapport vers une demande de vérification occasionnelle de tel matériel. Bien entendu on signale le fait que les agents de sécurité ont la consigne de continuer de porter attention à ces risques potentiels.

Il faut que les agents sur le terrain développent cette philosophie de pensée orientée sur les dangers potentiels, même les plus minimes. On inspectera le sol en premier lieu pour voir les obstacles, les inégalités de terrain, les fils qui trainent, les trous, ou même les surfaces qui peuvent devenir glissantes dans certaines conditions. On inspectera ensuite graduellement les hauteurs. Est-ce qu'il y a quelque chose qui pourrait déchirer la robe de madame ou briser la veste de monsieur ? Est-ce qu'il y a un endroit ou une grande personne pourrait se blesser d'une quelconque façon au visage. On doit inspecter tout ce qui est à hauteur du visage en pensant aux enfants et aux personnes en fauteuils roulants. Afin de développer cette philosophie de procédures, les chefs d'équipes ne doivent pas hésiter à demander régulièrement à leurs agents ce type d'inspection. Les agents vont s'apercevoir que rapidement ils vont appliquer ces principes dans leurs vies de tous les jours, chez eux comme au travail.

16.6 Les obstacles sur le sol

On peut éviter un grand nombre de poursuites en faisant une inspection minutieuse du sol. L'organisation qui loue ou emprunte un terrain pour faire son activité devient responsable de tout ce qui est sur le site. En cas de poursuite, elle peut à son tour poursuivre les propriétaires du terrain, mais il est généralement plus facile d'éviter tous ces problèmes en faisant une inspection minutieuse de tout ce qui se trouve sur le sol. Dans une foule, il y aura toujours quelqu'un pour se prendre les pieds quelque part. Tout ce qui est inégal sur le terrain renferme un risque potentiel de blessure. Une bouche d'égout trop basse ou trop haute, ou un trou près d'une clôture sont susceptibles de causer des blessures aux chevilles. Essayer de poursuivre pour négligence, la marmotte qui aura creusé un trou. Il appartient à la sécurité de constater ces dangers cachés et de faire un rapport écrit pour qu'on envoie une personne avec le matériel nécessaire pour sécuriser ces trous. Un escalier aux marches inégales devrait être signalé à l'organisation. Vous pouvez être certain que si une personne manque la marche, ça sera facile pour elle de prouver la négligence de l'organisation. Il faut s'assurer d'avoir un bon éclairage et que la première marche soit très visibles. Dans toutes les activités, il est fréquent d'avoir un grand nombre de fils qui traîne sur le sol. Dans la mesure du possible, il faut signaler ces fils avec du ruban danger ou d'une autre façon. La sécurité devrait signaler ce danger.

Plus la foule est dense, plus le risque de blessures sera élevé. Lorsque les gens se promènent calmement il n'y a généralement pas ou peu de problèmes. Mais dès que le spectacle est terminé, tous les gens désirent sortir en même temps. À partir de ce moment, les risques croissent de manière exponentielle.

16.7 Agir rapidement

Un de mes étudiants en sécurité était responsable de la sécurité d'un évènement spécial. Un jour, de forts vents viennent perturber le site. Le vent avait déraciné un gros arbre qui était sur le point de tomber sur une installation électrique. Il a fait dégager le secteur et a établi un périmètre avec du ruban danger. Il a pris l'initiative d'appeler les services requis pour faire couper le courant électrique dans ce secteur. Les policiers appelés par les administrateurs de l'évènement ont regardé le travail fait par les agents de sécurité et leur ont dit que le travail avait bien été fait et qu'en tant que policier ils n'avaient plus rien à faire sur les lieux. Cet exemple illustre bien l'expérience d'un agent capable de réagir rapidement et de prendre des décisions. Dans une situation de grand vent, lors d'une représentation du concours hippique, les tentes menaçaient d'être emportées par celui-ci. Imaginez le travail de fou qu'a eu à faire le personnel de la sécurité pour sécuriser les immenses chapiteaux. Techniquement parlant ce n'était pas le travail des agents de sécurité de remplir cette tâche. Mais moralement, les agents étaient drôlement fiers d'avoir pu sauver l'équipement. Les dirigeants appelés sur les lieux par le vétérinaire de service n'ont pas tari d'éloges envers mes agents.

Les responsables de la sécurité doivent apprendre à prendre rapidement la situation en main, sans hésitation. Nous pourrions probablement écrire tout un livre sur les situations où des agents de sécurité ont sauvé des gens ou des installations sans qu'ils aient reçu le moindre remerciement, car dans bien des cas, les dirigeants ne le savent pas.

17.0 LES COMMANDES SPÉCIALES

Lorsque l'on accepte un contrat d'évènements spéciaux, il faut toujours s'attendre à des demandes imprévues par rapport aux demandes initiales. Toutes sortes de demandes peuvent survenir. Comme elles ne sont généralement pas dans les ententes du contrat d'origine, le groupe responsable de la sécurité peut refuser ce qui n'entre pas dans son entente initiale. Mais d'un autre côté, si l'on désire que le contrat se renouvelle, il faut parfois être prêt à faire des concessions.

Il est important que peu importe la concession, qu'elle reste dans le domaine de la légalité. Un ami sur un contrat s'est déjà fait demander d'aller chercher des substances illégales pour le party des employés de la direction. Naturellement, la réponse a été négative. Ce fut sa dernière année sur ce contrat, mais sa réputation lui a permis de récupérer un grand nombre d'autres contrats par la suite.

Il m'est arrivé à quelques reprises d'être obligé de prodiguer les premiers soins à des gens blessés, hors des limites de l'activité que j'avais à gérer. Techniquement, je n'avais aucune obligation d'y aller. Dans la plupart des cas, la demande venait d'agents de sécurité qui devaient protéger un site connexe au nôtre. Ces agents n'avaient aucune formation en premiers soins et ils me demandaient de l'aide en attendant l'ambulance. Comme un service en attire un autre, inutile de vous dire qu'en échange, ils protégeaient tout un côté du périmètre du site que nous avions sous notre responsabilité. Cette entente non écrite me permettait d'utiliser quelques-uns de mes agents à d'autres tâches.

17.1 L'escorte et la protection d'argent

Il arrive fréquemment que les organisateurs demandent une sécurité accrue à l'endroit où est entreposé l'argent amassé durant la journée. Ils avaient prévu que la plupart des gens utiliseraient leurs cartes de guichet et au lieu de ça, une grande partie des gens ont payé en argent. Il faudra alors sécuriser davantage les lieux tout en effectuant une sécurité plus discrète.

Il peut arriver que l'on demande aux agents d'escorter des gens de l'organisation, qui ont pour travail d'aller porter cet argent à un endroit déterminé. Il faut être conscient que l'agence qui accepte cette responsabilité n'est pas un spécialiste du transport d'argent. Ses agents ne sont pas armés et ne possèdent pas de gilet pare-balles. Il faut donc que les agents qui font cette escorte soient conscients des risques encourus. Dans la plupart des cas, on confiera ces tâches à des agents d'expérience et en qui l'on a une entière confiance tant au niveau honnêteté qu'au niveau réaction en situation de stress.

Idéalement, avant même le début du contrat, il faudrait demander si une telle situation risque d'arriver. Si oui, on devra mettre sur pied un plan d'action afin d'éviter toute improvisation lorsque le moment sera venu. On devra prévoir diverses routes afin de ne pas prendre toujours la même. On prévoira qui sera susceptible de travailler sur cette partie des opérations.

17.2 L'escorte de personnalités

Des personnalités bien en vues ou des célébrités bien connues vont venir sur le site, il faut que la sécurité soit en mesure d'offrir un service professionnel. Si la personne est une personnalité politique tels un ministre ou encore un artiste reconnu, il est possible que la sécurité du site soit appelée à travailler en collaboration avec les gardes du corps de cette personnalité. Généralement, les organisateurs ne pensent pas en termes de sécurité. Ce n'est pas leur travail et c'est le rôle de la sécurité de se tenir informé des activités. Il est bon de demander fréquemment s'il y a des changements au programme ou des visites de prévus.

Lors de la visite de ces personnalités, la sécurité doit dans un premier temps avoir une estimation de l'heure d'arrivée du VIP en question. Il serait bon que le poste de commandement entre en communication avec le service de sécurité du VIP afin de savoir s'ils ont des demandes spéciales. Il faut également que le service de sécurité ne devienne pas le service de protection rapproché de la personnalité invitée si cette dernière a des gardes du corps. La sécurité de l'évènement n'est là que pour aider les gardes du corps et non les remplacer s'il y en a.

Un travail en étroite collaboration devra avoir lieu entre les deux services. Si le VIP est une personnalité exigeant un bon niveau de protection, une rencontre préalable avec un des spécialistes de la protection du VIP sera nécessaire pour que tout se déroule dans le bon ordre. Si les spécialistes en protection de la personne ont apprécié travailler avec vous, il y aura de fortes chances qu'ils vous conseilleront comme agence lors de besoins en personnel supplémentaire.

Comme pour un véhicule d'urgence, le véhicule du VIP doit pouvoir entrer de façon fluide sur le site et être dirigé sécuritairement au bon endroit. Naturellement, on prévoira un stationnement le plus proche possible de la zone où se tiendra le VIP Il faut que le véhicule puisse être stationné de manière à repartir le plus rapidement possible. On doit cependant être conscient que la priorité demeure la sécurité de la foule, la clientèle qui fait vivre l'évènement. Donc, un stationnement facile et un déplacement fluide, mais pas à n'importe quel prix. S'il y a foule, les gardes du corps pourront avoir besoin de quelques agents de sécurité pour renforcer le périmètre autour du VIP Idéalement, les besoins en personnel doivent avoir été prévus avant la visite du VIP Dans la réalité, il en va souvent autrement.

Il faut apprendre à s'imposer sur certains contrats. Il m'est déjà arrivé sur un contrat d'avoir un convoi de diplomates qui devait assister à l'évènement. Comme les organisateurs avaient appris à la dernière minute la présence de ces délégués, rien n'avait été fait du côté sécurité. À dix minutes de la fin de la prestation, le convoi se met en file pour évacuer par la sortie principale. Je suis allé voir le chef du convoi et je lui ai demandé son plan de match. Il s'apprêtait à sortir les véhicules à travers une foule d'environ 70 000 personnes. J'ai engueulé le pauvre homme sans lui laisser le temps de s'expliquer. Il a pu enfin m'expliquer qu'il ne faisait que suivre les ordres, le gouvernement ayant engagé un expert pour diriger l'opération. J'ai fait venir le responsable et je lui ai imposé un autre chemin pour sortir du site. L'opération s'est déroulée sans anicroche, le convoi a pu se rendre beaucoup rapidement à son lieu de destination que par l'itinéraire que le spécialiste voulait lui faire emprunter. Ce responsable n'avait pas pris la peine d'examiner différents itinéraires possibles pour l'évacuation de son convoi. Il s'était contenté du plus simple. Le plus comique est que cet homme a probablement reçu des félicitations pour une opération si bien menée. Ne vous fiez pas toujours à ces spécialistes. On doit à tout prix éviter de faire passer des véhicules au travers d'une foule.

Pour tous ceux qui auront, un jour ou l'autre, à être confrontés au fait de protéger des personnalités importantes, un cours en protection de la personne est un atout inestimable. En apprenant toute la logistique liée à de tels contrats, l'agent de sécurité est davantage en mesure de prévoir ces besoins bien spécifiques. Protéger une personnalité est avant tout une question de logistique et contrairement à ce que beaucoup de gens pensent, ce n'est pas un travail de gros bras. Sur un tel cours, on y apprend à évaluer les risques, cerner les menaces, étudier les trajets, faire un historique de la personne à protéger ainsi qu'une foule d'autres outils qui épauleront l'agent tout au long de sa carrière.

17.3 Les imprévus

Il arrive parfois qu'il y ait débordement de l'achalandage. C'est un problème positif pour l'organisation, mais un problème de logistique pour la sécurité. Il faut parfois ouvrir des secteurs que l'on désirait garder fermés, ce qui va nécessairement exiger un ajustement pour les gens de la sécurité.

Ce trop grand achalandage peut obliger à improviser de nouvelles entrées supplémentaires sur le site. Mêmes problèmes de logistique de la part des agents. Il n'y a pas de secret pour ce genre de situation, ça prend du personnel. Il faut que le poste de commandement possède des listes de réservistes à porter de main. On peut aussi dégager quelques agents de secteur moins importants pour compenser, quitte à risquer quelques intrusions illégales sur le site.

Peu importe l'imprévu, si la sécurité met du temps à réagir et à s'adapter, l'organisation la jugera comme incompétente. Il faut pouvoir s'adapter rapidement à toutes les situations possibles, quitte à assurer moins d'étanchéité dans des secteurs plus éloignés, moins à risques.

17.4 Les équipements

Il n'est pas rare de voir des évènements accueillir du matériel qui n'était pas nécessairement prévu au programme et qui va exiger une attention particulière en matière de protection. Ça peut aller de quelques heures de surveillance à une surveillance à temps plein. Naturellement, ici encore on va devoir puiser dans le réservoir d'agents sur place si la sécurité n'a pas été prévenue à temps.

Les gens qui disposent ces équipements sur le site ne se préoccupent généralement pas de la sécurité du public. Il faut être en mesure de protéger l'équipement en question, mais il faut aussi être en mesure de voir si cet équipement peut devenir un facteur de risque pour le public. Il ne faut pas que de tels équipements deviennent un danger lors du déplacement de la foule. Prévoir les accidents est parti du travail de l'équipe de la sécurité.

17.5 Entente avec les organisateurs

Il faut que la sécurité prévienne les organisateurs que le budget devra s'ajuster à la hausse à chaque demande spéciale. On prendra soin de noter la journée, la raison et qui a autorisé ce déblocage de fonds supplémentaire. Idéalement, ça devrait être sur papier, mais trop souvent, cela se fait verbalement. Si la sécurité se plaint continuellement de ces ajustements imprévus, les organisateurs garderont une image négative de la sécurité. Il faut, dans la mesure du possible, ne pas leur faire continuellement sentir que c'est dérangeant pour la sécurité. De plus, si l'on peut mettre un agent immédiatement à ces tâches sans être obligé d'attendre l'arrivée de nouveaux agents, l'organisation se sentira épaulée par la sécurité.

18.0 LES PERSONNES HANDICAPÉES

Généralement ce n'est pas le travail des agents de sécurité d'improviser des emplacements pour personnes à motricité réduite ou avec tout autre handicap. Normalement, l'organisation doit prévoir des endroits, des commodités et les équipements nécessaires au confort de cette clientèle. Habituellement, des accompagnateurs sont désignés et la sécurité peut référer à ce service en cas de complication avec des personnes handicapées.

Dans la réalité cependant, il est fréquent que ce type de clientèle soit oublié. Lors des rencontres organisationnelles, les services de sécurité ne doivent pas se gêner pour demander ce qui a été prévu pour les personnes handicapées. Si l'organisation les a oubliées, ils apprécieront probablement votre professionnalisme et seront heureux d'avoir une personne possédant de l'expérience dans ce genre de situation. Si au contraire il n'entre pas dans les projets de l'organisation de gérer cette réalité, il y a de fortes chances pour que vos agents rencontrent certaines résistances lorsque viendra le temps de faire circuler ces personnes.

18.1 Déterminer les zones dangereuses

En fonction de l'activité, certaines zones doivent généralement être refusées pour les gens en fauteuil roulant. Tous les passages achalandés qui sont un peu plus étroits et qui nécessitent de la fluidité dans le déplacement de la foule sont à proscrire pour les gens en fauteuil roulant. Dans un déplacement de masse, elles peuvent devenir des obstacles nuisibles à la fluidité, mais surtout elles peuvent être renversées et offrir un risque de danger pour la personne handicapée qui ne pourra se relever seule.

Il est important que les agents soient bien informés des zones permises et non permises. Dans ce dernier cas, ils doivent être en mesure de justifier leur interdiction de façon logique. Une des parades aux argumentations de ces gens consiste à leur expliquer que côté assurance, il est interdit de laisser les fauteuils roulants dans ces endroits compte tenu du trop grand déplacement de foule. Et ceci c'est sans compter une évacuation d'urgence. Si le site est grand et exige des déplacements fréquents de la part de la foule, il faut être en mesure de se garder un chemin plus facile pour les fauteuils roulants. Généralement, cela impose un détour ou une obligation de se rallonger. Si un tel trajet a été prévu, il faut que les agents puissent informer les gens de cette facilité d'accès, si cette information n'a pas été donnée à l'entrée.

Dans les festivals, activités qui occupent une bonne partie des agents de sécurité durant l'été, l'évènement a souvent lieu dans les lieux communautaires des municipalités. Ces endroits sont souvent situés près des arénas et autres aires sportives. Ces espaces sont généralement bien entretenus et offre des facilités pour des déplacements plus faciles pour les personnes handicapées. Lorsque c'est possible, on peut prévoir de garder une partie protégée pour les fauteuils roulants. Il ne faut pas que l'occupation de ces espaces ne nuise en aucune façon au bon déroulement de l'activité.

18.2 Apprendre à communiquer

Ce ne sont pas tous les agents qui ont de la facilité à communiquer avec le public. Dans les zones susceptibles de recevoir des personnes handicapées, on devrait toujours avoir un agent possédant une base en communication. J'ai un de mes agents qui a essayé de faire circuler un homme âgé en fauteuil roulant, car il se trouvait dans un endroit particulièrement dangereux. Les personnes qui l'accompagnaient en sont vite venues à la menace de prévenir l'animateur de radio André Arthur. Ils se sentaient brimés dans leurs droits. Ça ne m'a pris qu'environ une minute pour défaire la situation là où plusieurs de mes agents avaient échoué. Ils avaient commis l'erreur que font la plupart des gens. Il ne faut pas confondre une personne handicapée physiquement d'une handicapée mentalement. Les agents négociaient avec les accompagnateurs au lieu de discuter avec la personne en fauteuil roulant. Je me suis accroupi et je n'ai discuté qu'avec le monsieur handicapé en lui expliquant que les assurances ne nous autorisaient pas à garder des gens en fauteuil roulant dans ce passage. Je lui ai proposé de l'accompagner à un autre endroit et il a accepté tout de suite, appréciant la considération que je lui portais.

Lorsque j'enseigne en sûreté industrielle et commerciale, je prends toujours un peu de temps pour familiariser les agents à l'importance de la communication (manipulation) verbale. Argumenter avec une personne est un acte de vente. On veut lui vendre l'idée qu'elle ne doit pas être là, qu'elle doit se déplacer. Généralement, les bons vendeurs font de bons intervenants en sécurité lorsque vient le temps de négocier avec la foule. La lecture de quelques livres sur les principes de vente est un placement sûr pour ceux qui œuvrent dans le domaine de la sécurité.

18.3 Les personnes âgées

Les personnes âgées ne sont pas handicapées, mais elles sont souvent à mobilité réduite. Il faut s'assurer que les chemins qu'ils empruntent ne renferment pas de pièges pouvant les faire chuter. S'ils doivent marcher sur une longue distance, il faut qu'il y ait des endroits de repos où la masse du public ne pourra les faire trébucher.

Lors d'évènements spéciaux, il n'est pas rare de retrouver des personnes âgées qui s'attribuent des privilèges en fonction de leur âge. Ils savent pertinemment bien que les agents n'oseront pas intervenir physiquement pour les déplacer. Si vous manquez votre intervention à votre premier contact, autant attribuer la situation à un autre agent. Soyez sûr que vous obstiner à argumenter avec eux ne mènera probablement à rien. En changeant d'agent, vous leur accordez une petite victoire, mais ils seront plus enclins à quitter sur cette victoire et à obéir à un second agent.

19.0 LA DISCIPLINE, LE SECRET DE LA RÉUSSITE

Quel directeur ayant dirigé la sécurité des évènements spéciaux n'a pas été confronté à toutes sortes de problèmes avec ses agents ?

Les problèmes avec les agents de sécurité sur le terrain sont omniprésents et se montrent sur diverses formes. La transition d'un quart de travail à un autre est parfois un cauchemar de logistique simplement parce que quelques agents ne sont pas à l'heure. Ce qui peut sembler sans gravité à première vue amène généralement un bon lot de problèmes. Les agents qui attendent pour être remplacés ne peuvent pas toujours demeurer en poste plus longtemps. Un agent qui manque son autobus de quelques minutes vient de prolonger sa journée de travail de pratiquement une heure. Si l'agent en place a un rendez-vous, que ce soit médecin ou autre, il ne pourra rester en place. Il faut alors jongler avec les agents sur place afin de compenser ce vide tactique. Un directeur de l'organisation qui voit un vide là où habituellement il devrait y avoir un agent n'appréciera pas beaucoup le service qui est offert. La loi de Murphy faisant son œuvre, il sera toujours au mauvais endroit au mauvais moment.

Il est primordial de sensibiliser les agents sur l'importance de la ponctualité et sur l'importance d'être en avance de quinze minutes pour prendre les consignes s'il y en a. C'est facile lorsqu'on travaille toujours avec le même personnel, mais ça devient parfois laborieux lorsqu'il s'agit d'embaucher un grand nombre d'agents qu'on ne connaît pas. Les sanctions ne mènent jamais à un bon esprit d'équipe, c'est pourquoi on tentera de sensibiliser les agents avant de les pénaliser. Mais il arrive qu'on n'ait pas le choix et qu'il faille suspendre ou congédier les cas les plus graves. Ce n'est jamais intéressant lorsque l'évènement est démarré, car ces gens connaissent le travail qu'ils ont à faire.

19.1 L'absentéisme

Les évènements spéciaux ne durent jamais longtemps. Lors de l'entrevue, on devrait toujours sensibiliser le nouvel agent sur son comportement face à l'absentéisme, par exemple, par une simple question telle que « Est-ce que vous avez tendance à manquer souvent des journées de travail ? » On prendra soin de lui expliquer que pour l'agence, ça amène toutes sortes de complications, dont l'embauche de ressources supplémentaires pour compenser ces absences. Si l'on ne peut éradiquer l'absentéisme, on pourra au moins demander aux agents qui désirent prendre congé de le demander le plus longtemps possible à l'avance et d'éviter de prendre des journées de congé lorsque l'évènement connaît ses moments d'activités les plus intenses.

Dans les évènements spéciaux, il est parfois difficile de trouver du personnel lorsque plusieurs évènements se tiennent en même temps. Certains agents n'hésiteront pas à utiliser cette réalité en sachant que l'organisation n'a pas les moyens de se passer d'eux. Personnellement, je préfère travailler avec des effectifs réduits que de subir ce type de chantage. Ça donne un message clair et précis aux autres agents qui seraient tentés d'emprunter le même chemin.

19.2 Les horaires de nuit

Il n'y a pas une agence de sécurité qui n'a pas eu à un moment donné des agents qui se sont assoupis sur leur horaire de nuit. Il y en a même qui prennent la peine d'apporter leur couverture afin d'être plus confortables. Heureusement la plupart des agents sont assez professionnels pour résister à la tentation d'une petite sieste. Dans les évènements spéciaux, il n'y a pas de poinçon pour vérifier les rondes des agents. On peut laisser un responsable de nuit qui fasse le tour des positions si l'évènement est assez gros pour assigner ce rôle à un agent. Comme il y a généralement plusieurs agents sur un poste de nuit, on peut attitrer un agent à une vérification radio effectuée à intervalles réguliers pour être assuré que tout le monde est présent au poste. Si beaucoup d'équipement à risques (vols, vandalisme, utilisation frauduleuse, etc.) se trouve sur les lieux, il faudra prévoir du remplacement le temps que l'agent aille aux toilettes, s'il n'y en a pas de disponibles sur place.

Il arrive parfois que des agents prennent congé du site durant la nuit en se disant qu'il ne peut rien arriver et que ce n'est pas grave d'aller chercher quelques bons cafés chauds au dépanneur du coin pour lui et ses collègues. C'est assez surprenant le nombre d'activités où ce scénario se produit. La loi de Murphy étant ce qu'elle est, si un des dirigeants de l'organisation doit venir de nuit, il va venir à cet endroit et dans ce créneau horaire, soyez-en convaincus.

Sur certains quarts de nuit, on peut occasionnellement voir des agents qui, n'aimant pas le contrat, décident simplement de retourner chez eux en laissant le poste vacant en pleine nuit. J'ai déjà eu un agent de 6' 4" qui avait peur la nuit. Il avait pourtant un bon CV sur son travail d'agent de sécurité la nuit. Heureusement, en prenant acquis que ce genre de situation peut arriver, il n'y a eu aucune conséquence négative à part peut-être de donner un peu plus de terrain à couvrir aux autres agents.

Sur un quart de nuit, le responsable doit être une personne fiable, capable de prendre des décisions et n'ayant pas besoin de référer continuellement à ses supérieurs. Il doit connaître le pouls de ses agents afin de prévenir tout problème qui pourrait découler des états d'âme de son personnel. Il doit pouvoir s'assurer que chacun est à son poste et que personne ne relâche sa surveillance. Dans un quart de nuit, je laissais toujours mes agents faire quelques blagues sur les ondes. Naturellement, la fréquence utilisée n'était pas publique et de toute manière, il n'y avait rien comme critique négative. Permettre un peu d'humour sur un quart de nuit, permet aux agents de demeurer un peu plus alertes.

19.3 L'image de l'agent

Un agent qui présente une apparence négligée donne une mauvaise image à ses employeurs et à l'évènement. En aucun cas l'hygiène corporelle et la tenue vestimentaire ne peuvent souffrir de négligence. Si l'uniforme se résume à un t-shirt, ce qui est courant dans les évènements spéciaux, on pourra demander aux agents de porter un pantalon noir afin d'avoir une certaine uniformité. Si l'agent travail sous un soleil de plomb et qu'il n'y a pas de casquette officielle de l'évènement, des critères prédéterminés devraient être émis afin que, là aussi, subsiste une certaine uniformité.

Un agent à la barbe négligée ne devrait pas avoir sa place dans le public. L'agence doit absolument émettre des règles très strictes sur ce qu'elle attend de l'apparence de ses agents. Un agent qui répond régulièrement au public ne devrait même pas mâcher de gomme.

Les agents de sécurité sur le terrain sont habitués à ce que les gens du public essaient de discuter avec eux. Il doit y avoir une marge entre une discussion et un flirt avec une belle fille ou un beau garçon. Il faut que les agents de sécurité apprennent à mettre fin à une conversation lorsque cette conversation risque de nuire à leur travail.

Un agent qui mâche de la gomme n'est pas un problème s'il travaille dans un secteur isolé. Mais en public, ça laisse toujours une image qui manque de professionnalisme. Si l'agent doit discuter avec le public, ça dénote un certain laisser-aller.

Quel agent de sécurité n'a pas connu ce type de client qui ne le lâche pas d'une semelle, souhaitant constamment discuter gentiment avec lui. Dans un tel cas, il faut demeurer poli, tout en s'assurant de ne pas se laisser déranger par ces gens un peu trop collants. Lorsque cela arrive, la meilleure méthode consiste simplement à s'excuser auprès du client en lui disant que ses supérieurs demandent aux agents de ne pas parler plus de quelques minutes avec les clients. Il ne faut pas que ça soit le client qui ait l'impression que l'agent veut se débarrasser de lui.

19.4 Le langage verbal

Le vouvoiement est naturellement de rigueur, peu importe l'évènement. L'agent doit toujours être poli, peu importe la situation. En cas de poursuite, il est facile de demander aux gens si l'agent en question a été impoli avec eux. Si c'est le cas, sa crédibilité descend rapidement. Par contre, si les gens confirment qu'il a toujours été très poli, cela dénote du professionnalisme et il devient du coup, toujours un peu plus difficile de débouter l'agent en cours. Certaines personnes éprouvent des difficultés à bien s'exprimer. Peut-être serait-il alors préférable de laisser ces agents à des postes où ils ne seront que peu confrontés au public.

19.5 Le langage gestuel

On peut être très poli, mais il suffit d'un petit regard sarcastique pour faire grimper la pression lorsque la situation est tendue. L'agent de sécurité doit être conscient de son langage gestuel tel que l'habitude de pointer quelqu'un du doigt ou de discuter les poings fermés, etc. Il y a des cours qui se donnent sur le langage gestuel et verbal. Tous les agents devraient prendre des formations qui sont pertinentes pour le travail en sécurité. On trouve également sur le marché une multitude de livres sur le langage gestuel.

19.6 Les payes

Beaucoup d'agents prennent leurs heures de travail en notes. Malheureusement, il arrive souvent que le chiffre auquel ils arrivent ne corresponde pas à ce que le service de paye a calculé. Si l'on veut avoir des agents qui travaillent de façon professionnelle, il faut qu'ils se sentent respectés par l'employeur. Les gens responsables de la compilation des heures devraient prendre le temps de voir chacun des agents qui se sentent lésés dans leur nombre d'heures. Il faut lui expliquer, et essayez de trouver avec lui l'erreur et qui l'a fait. Généralement, les agents ont une manière parfois étrange de compter leurs heures. Il faut leur expliquer comment fonctionner pour éviter que ce genre d'erreur ne se reproduise. Il ne faut pas que l'un des deux partis reparte sur un malentendu.

19.7 Les privilèges

Les agents en place depuis longtemps ont tendance à s'attribuer certains privilèges. Que ce soit de venir voir les spectacles lorsqu'ils sont de repos ou de s'attribuer les meilleures places pour voir le spectacle, là où les gens du public aimeraient bien se trouver. À moins d'arrangement préalable avec la direction de l'évènement, aucun privilège ne devrait être permis pour les agents.

COMPLÉMENTS

20.0 LE BILAN

Lorsque le contrat prend fin, avant de crier victoire, on devrait toujours terminer l'opération par une réunion de fermeture. On doit profiter de cette assemblée pour passer en revue tous les principaux points concernant l'évènement en question. Que tout se soit bien passé ou au contraire que tout ait mal été, il est important d'analyser chacun des éléments. Terminer le contrat de cette façon permet de mieux enraciner en mémoire, les points essentiels pour s'assurer d'une prochaine réussite.

On peut analyser dans un ordre différent les points qui suivent, mais peu importe l'ordre, on ne doit pas faire cet exercice avec l'idée d'en terminer rapidement. Les gens qui ont de l'expérience dans la sécurité d'évènements spéciaux sont conscients que cette réunion est le meilleur départ qu'ils peuvent avoir pour la gestion du même évènement pour l'année suivante.

20.1 Le personnel

Il faut analyser globalement le rendement des troupes en général. Dans un second temps, on prendra le temps d'analyser les points forts et les points faibles des responsables de secteur et des gens chargés de diriger les opérations. Une analyse de chacun des secteurs ainsi que du travail qu'ils ont effectués en tant que dirigeant devrait être à l'ordre du jour. Si on a besoin de plus d'intimité afin de ne pas indisposer certaines personnes, les réunions peuvent se faire seulement avec les personnes concernées.

S'il y a des gens à évincer, on ne devra pas hésiter. Il n'est pas rare de voir des organisations en sécurité garder des incompétents dans leurs services, car ils sont de la famille ou des amis. La sécurité est une entreprise et l'amitié ne devrait jamais primer sur la rentabilité et l'efficacité.

20.2 La gestion du matériel

Les radios, les locaux attribués au département de la sécurité, les véhicules s'il y en a, on doit analyser ce qui a bien été et ce qui a mal été. Si les radios étaient constamment en panne, peut-être est-il temps de changer de compagnie de location. On devra faire une liste des points à améliorer ou à négocier lors d'un prochain contrat.

Si l'on a eu recours à un grand nombre de radios de location, il faudra prendre soin de comptabiliser chaque radio, chaque batterie, chaque micro et chaque chargeur afin que cela concorde avec le matériel qui a été loué. S'il manque une pièce d'équipement, on ne doit pas penser que c'est la personne qui est venue les prendre qui s'est trompée. Si la gestion de ces appareils a été bien faite, vous devriez être en mesure de savoir qui est responsable de la pièce manquante.

Il n'est pas rare qu'il reste des surplus de divers matériaux commandés au cours de l'évènement. Que ce soit pour du ruban danger, ou pour tout autre objet que vous avez utilisé et qui a été payé par les organisateurs de l'évènement, vous devrez remettre les surplus à qui de droit. Les garder ne vous rapportera pas énormément d'argent tandis que de les rendre aux organisateurs démontrera votre honnêteté.

20.3 Les incidents

Quels sont les incidents ou accidents qui ont eu lieu ? Comment peut-on éviter que ces problèmes se reproduisent ? Dans cette section, on peut parler de l'utilisation de véhicules d'urgence s'il y en eut. Est-ce qu'il y aurait des changements à apporter ? Lorsque vous remettrez votre rapport final, une section de celui-ci doit contenir une nouvelle copie de tous les rapports écrits par les agents durant le déroulement de l'évènement. Vous avez probablement remis à ces gens une copie de ces rapports la journée même où ces incidents ont eu lieu. Mais soyez assurés qu'ils apprécieront recevoir une copie regroupant tous ces faits.

Même si la plupart des incidents se terminent bien, il faut en tenir compte et établir une procédure à suivre pour que ces incidents ne se reproduisent plus dans le futur. Les organisateurs ne tiendront peut-être pas compte de toutes vos recommandations, mais cela vous protègera pour les années suivantes, surtout si des incidents ont lieu suite à l'inertie des responsables qui n'auront pas corrigé le problème.

20.4 Le service de paye

Comment s'est effectuée la transition de l'argent ? Il arrive que certaines petites agences attendent de recevoir l'argent de l'organisation pour payer les employés. Comment cet aspect s'est déroulé ? Y a-t-il place à amélioration pour le futur ?

Bref, on peut prendre chacun des chapitres de ce manuel et décortiquer les principaux points qui ont fait en sorte que tout s'est bien déroulé.

On prendra également soin de démontrer aux hommes de terrain qu'on a apprécié le travail qu'ils ont fait, si c'est le cas. Oui ces gens travaillent pour la paye, mais un compliment sur le travail bien fait est toujours une excellente source de motivation. Un bon directeur de la sécurité doit faire en sorte que ses employés soient toujours motivés à travailler pour et avec lui.

21.0 SOUMISSION D'UN CONTRAT

Voici un petit exercice très simple que l'on peut faire faire à de nouveaux agents de sécurité qui désirent gérer l'organisation d'évènements spéciaux. L'exercice consiste simplement à effectuer la mise en place d'une sécurité, sur papier, pour un évènement organisé par quelques commerçants qui désirent attirer des parents à leurs places d'affaires. L'évènement à gérer est très simple, mais il permet aux débutants une bonne initiation à la logistique d'évènements spéciaux et permet rapidement d'évaluer leurs compétences et leurs connaissances du monde des évènements.

C'est un petit exercice simple que je fais faire aux gens lorsque je donne de la formation sur la gestion d'évènements spéciaux. L'agent doit donc poser les bonnes questions et soumettre une estimation des coûts des opérations et des services qu'il offre à ce coût.

Voici les paramètres que donnent les organisateurs de l'évènement.
- Installation de la tente 35 pieds par 125 pieds de long à 9 h le jeudi.

Début des activités :
- Vendredi de 18 h à 21 h.
- Samedi de 9 h à 21 h.
- Dimanche de 9 h à 16 h.
- Journées d'activités pour les enfants ayant comme invitée spéciale une dame qui chante pour eux. Des amuseurs publics et des clowns sont présents sur le site afin d'amuser les enfants.
- Des collations seront servies. L'évènement est gratuit.
- Démantèlement le dimanche soir dès 17 h.

Avec ces paramètres, vous devez élaborer une liste de questions que devraient poser les agents désirant gérer cet évènement.

Il vous faut évaluer le coût total de l'opération pour mettre sur pied un service de sécurité adéquat. Il faut tenir compte de l'ajustement du salaire des agents de sécurité selon la convention. Il ne faut pas oublier que ce n'est qu'un exercice de prise de conscience pour ceux qui désirent mettre sur pied une organisation de sécurité d'évènements spéciaux.

L'agent devra fournir en plus du coût de l'opération chargé aux organisateurs, le nombre de personnes utilisé à chacun des chiffres de travail. Il doit pouvoir justifier cette répartition du travail en fonction des réponses aux questions qu'il aura posées.

21.1 Exemple de questions à se poser

À cette étape, c'est la collecte d'informations permettant de mettre sur pied ce qu'il faut pour assurer la sécurité de l'évènement. Les questions peuvent se poser dans un ordre différent.

Évaluation des risques : Quelle est la menace ? Ici, la clientèle est familiale, on est déjà assuré de ne pas avoir trop de problèmes avec la clientèle elle-même.

Date du contrat : À partir de quand a-t-on besoin de personnel de la sécurité ? Est-ce qu'il y a de l'équipement qui va arriver plusieurs jours avant le début de l'évènement et demeurer sur place plusieurs jours après la fin de l'évènement ?

Besoin de gardiennage : Ici, on détermine à quel moment on aura besoin d'agents de sécurité et de combien de personnes on aura besoin. Combien d'agents de jours et pourquoi. Quelles sont les tâches des agents de jour ? Est-ce qu'ils auront à gérer du stationnement ? Quel est le rôle exact du personnel de la sécurité ? Qu'est-ce qui est à protéger pour la nuit et combien d'agents sont nécessaires pour accomplir cette tâche efficacement ?

Où se situe l'évènement : la sécurité ne sera pas la même dépendamment du quartier où aura lieu l'évènement. Une plaza commerciale de banlieue n'offre pas les mêmes risques qu'une située en plein centre-ville. En ville, la clientèle nocturne est omniprésente alors qu'en banlieue c'est généralement plus tranquille. On tiendra compte de l'environnement et de la faune locale. Cela nous amène à des questions comme : est-ce que l'on tolère les punks du quartier sous le chapiteau ? S'il y a des punks qui tiennent absolument à offrir leurs services pour nettoyer les pare-brise des gens qui entrent sur le site, qu'est-ce que l'organisation veut que l'on fasse ? Y a-t-il généralement une bonne présence policière de jour comme de nuit ?

Demande spéciale : L'organisation peut avoir des demandes spéciales concernant les lieux près du site. Un emplacement pour les médias, un stationnement pour les gens qui travaillent pour l'évènement, ou même le trafic de la rue à gérer peuvent à l'occasion faire partie des demandes qu'on avait oublié de signaler à la sécurité lors de la négociation du contrat.

Qui fait quoi : Répartition des agents sur le site. Nombre d'agents nécessaires, à quel endroit et quand.

Qui d'autre que la sécurité sera présente sur les lieux ? Techniciens, organisateurs, médias, publics, il faut savoir qui a accès et quand.

Qui a accès aux installations après les heures d'activités ? Y a-t-il des gens susceptibles d'aller sur les lieux après les heures d'activités ? Si oui, lesquels ?

Communication : Est-ce qu'on a besoin de système de radio ou de communication quelconques ? Si oui, est-ce qu'on donne la note à l'organisation ?

Ressources matérielles : Qu'est-ce qui est nécessaire à l'opération ? Radio, ruban danger, clôture et tréteaux de bois, etc.

La liste des contacts : Qui fait la liste des contacts pour rejoindre à tout moment les personnes ressources ?

Tableau de répartition : L'agent doit pouvoir faire un tableau de répartition des agents comme dans l'exemple ci-dessous. Il est évident que le tableau se modifiera selon l'endroit et la durée réelle de l'évènement.

21.2 Déploiement des hommes

Vendredi matin	9 h à 12 h	1 agent	3 h
	12 h à 16 h	2 agents	6 h
Vendredi soir	16 h à 22 h	4 agents	24 h
Nuit jusqu'à samedi	22 h 8 h	3 agents	30 h
Samedi de jour	8 h à 22 h	4 agents	56 h
Nuit jusqu'à dimanche	22 h à 8 h	3 agents	30 h
Dimanche	8 h à 17 h	3 agents	27 h
Dimanche	17 h à 19 h	2 agents	4 h

Total 180 hres X taux horaires = masse salariale

L'exercice est simple, mais il permet de développer une vue d'ensemble de l'organisation d'évènements. Il est important de réaliser que chaque oubli fait sur le terrain peut se traduire par une perte de revenus pour les responsables de la sécurité. Chaque oubli peut exiger une surveillance qui n'était pas prévue au budget et qui, de ce fait, sera dans la plupart des cas, assumé par l'agence.

22.0 ANECDOTES ET EXEMPLES

Je me permets ici de vous fournir quelques anecdotes qui me sont arrivées lors de divers contrats en sécurité. Le but est de démontrer que dans le domaine de la sécurité, il faut parfois improviser. On a beau posséder toutes les connaissances nécessaires, posséder des années d'expérience, il arrive toujours un moment où l'on doit improviser.

22.1 La menace de congédiement

Un jour, un de mes agents se fait injurier avec ardeur par deux dames dans la cinquantaine. L'agent, une jeune fille dans la vingtaine, fait ce travail d'été pour payer ses études. Elle doit faire circuler les deux dames qui se tiennent dans un étroit corridor de circulation entre deux clôtures. Cet endroit est probablement l'un des meilleurs points de vue pour le spectacle qui va suivre. Malheureusement, les dames nuisent à la circulation des gens. Je suis sur le toit d'un édifice en train de régler un problème lorsque je constate que la jeune fille ne parvient pas à faire circuler les deux dames. Normalement, dans une telle situation, il m'aurait fait plaisir d'aller aider la jeune fille. Malheureusement, je ne pouvais pas laisser l'endroit où j'étais. Je savais que l'agent n'avait pas d'écouteur et que les deux dames entendraient tout ce que je pouvais lui dire. J'ai profité de cette situation. J'ai appelé l'agent en la nommant par son prénom, histoire d'atteindre un peu plus les deux dames.

– « Marie, qu'est-ce qui se passe ? Je t'ai dit que personne ne pouvait demeurer là. »

– « Oui, mais ces deux dames ne veulent pas circuler. »

– « Ce n'est pas mon problème. Tu travailles pour payer tes études et bien je pense que tu vas être obligé de te trouver un autre travail ou d'arrêter tes études. »

L'effet a été immédiat. Les deux dames en sont venues à prendre la défense de la jeune fille en me traitant de tous les noms possibles. Elles demandaient à ce que je descende de l'édifice pour me parler droit dans les yeux. Naturellement, elles ont dégagé l'endroit tout de suite. J'ai immédiatement rappelé l'agent pour lui dire que je blaguais, que je ne l'aurais jamais congédié pour ça. Comme je discute beaucoup avec mes employés sur ce type de contrat, elle me confia qu'elle savait que je bluffais. Ce n'est certes pas la meilleure solution que j'ai choisi, mais dans les circonstances, il fallait agir rapidement et c'est ce que j'ai fait.

22.2 Bien se comprendre

Un jour une de mes équipes découvre un groupe de jeunes adolescents nichés sur un plateau, à la mi-hauteur d'une falaise. Les jeunes descendent sans discuter. Les agents sur place tentaient de soutirer les noms de ces jeunes contrevenants. Ils ne répondaient qu'en faisant des signes de la main ce qui avait tendance à exaspérer les agents sur place. L'un d'entre eux eut l'idée de sortir un crayon et un carnet. L'un des jeunes se mit à écrire qu'ils étaient tous sourds, qu'ils n'entendaient rien. Chacun d'entre eux sortit ensuite des papiers prouvant que c'était vrai. La morale de cette histoire, le simple petit carnet de notes de l'agent peut régler bien des problèmes.

Une autre fois, une voiture passe à un endroit interdit. Je crie au conducteur, un homme dans la quarantaine. Sa vitre est abaissée, je conclus qu'il se fout de moi. Je donne une bonne tape sur l'aile arrière de sa luxueuse voiture. Généralement, ce type d'individus ne tolère pas que l'on s'en prenne à leur voiture. Rien, l'homme ne semblait pas du tout perturbé par cette tape. Je cours après la voiture qui roulait lentement. En arrivant à la hauteur du conducteur, je mis ma main sur son épaule. L'homme sursaute brusquement. Il ne m'avait jamais entendu, il était également atteint de surdité. Ce qui n'excuse pas sa stupidité de passer dans un endroit interdit.

N'importe quel agent qui travaille sur un évènement spécial vous dira qu'un jour ou l'autre, il s'est fait niaiser par des gens sur le site. Un beau jour, alors que je marchais dans un des secteurs achalandés, je voyais que le chef de ce secteur était aux prises avec un client à l'allure rébarbative. En m'approchant, le responsable me dit que l'homme ne parlait qu'espagnol. L'homme comprit que je faisais partie des dirigeants et se mit à m'injurier fortement dans cette langue. Quelque chose me disait que cet homme n'était pas plus espagnol que moi je pouvais être tibétain. Je connaissais une seule phrase en espagnol que je défilai à très grande vitesse. Donde esta la estacione de ferrocaril ? Dit avec tant de vitesse et tant d'assurance, l'homme me regarda et me dit en français « OK, ton espagnol est meilleur que le mien ». Il venait de se mériter une expulsion du site.

22.3 Un travail à risques

Lorsqu'il y a des situations plus à risques, je demande à mes agents de ne pas intervenir, lorsque ça peut attendre. Ils avaient pour mot d'ordre de m'appeler. Un beau jour, on m'appela pour aller affronter un homme sans t-shirt, bien installé dans un endroit interdit. Lorsque j'arrivai près de lui, une écume blanche sortait de chaque côté de ses lèvres. Assis au bas d'un petit promontoire de deux mètres, l'homme s'offrait en spectacles aux représentants des médias qui étaient présents sur les lieux. Les caméras de trois chaînes de télévision se trouvaient là ainsi que de nombreux journalistes. Au moment où j'enjambais la clôture pour aller rejoindre l'homme qui écumait toujours, il se mit à parler sans me regarder. « Le premier qui vient me dire de sortir d'ici, je lui *$$%&* mon poing sur la gueule, je lui &%*$ une volée » dit-il en colérant toujours davantage à mon approche. Je peux vous dire que faire une intervention de ce type lorsque les caméras de télé sont sur vous, ça fait un peu étrange. Je m'approchai de l'homme en gardant les bras le long de mon corps. J'approchai ma tête à 20 cm de l'homme et lui dit simplement : « Monsieur, j'ai bien peur que vous alliez être obligé de me *$$%&* une volée ».

L'homme s'attendit à tout sauf à cette réplique. Dans ce genre de situation, les gens s'attendent à se faire dire de se calmer, de rester tranquille et non à la réponse que j'ai faite. J'ai tout de suite repris le dialogue avec l'homme en question. Dans l'espace de quelques minutes, toute tension était tombée. Il me raconta que dans la semaine, sa compagne l'avait trompé avec son meilleur ami, qu'il avait perdu son travail et que sa copine avec son meilleur ami avait fait un accident avec sa voiture. L'homme était un brave homme qui avait simplement eu une semaine difficile. Je ne recommanderai jamais à personne de faire ce que j'avais fait. Je me fiais à mes réflexes martiaux pour éviter un coup-surprise. Mais verbalement, j'ai fait la seule chose qu'il y avait à faire dans une telle situation. Gino Chouinard, un reporter de la télé, me dit que je leur avais fait perdre un bon reportage, mais que j'avais fait du bon boulot. C'est toujours flatteur venant d'une personne comme lui.

Le monde de la sécurité est un univers passionnant, je me suis déjà retrouvé dans une situation à 3 contre une douzaine de personnes. Une autre fois un homme a tenté de m'agresser à coup de bâton, style batte de baseball. C'est là qu'on est heureux d'avoir un bon bagage martial. Je m'en suis sorti sans une égratignure et j'ai fait raccompagner le jeune homme par la police, un jeune punk qui avait consommé de la mauvaise drogue.

N'importe quel agent qui est habitué de travailler dans ce type d'activité pourra vous raconter une multitude d'anecdotes et d'histoires. Ça va des faveurs sexuelles pour entrer gratuitement sur les lieux du site en passant par les menaces de se faire casser les jambes. Dans un des contrats, il est arrivé à quelques reprises que des voitures foncent sur les agents. Il est arrivé deux fois que le parechoc avant ait frappé les jambes de mes agents, et ce même si derrière mes agents, une lourde clôture en métal barrait le passage des véhicules.

Comme agent de sécurité, il ne faut jamais sous-estimer l'agressivité des gens. Il faut retenir que plus le groupe volumineux, moins la logique est au rendez-vous.

22.4 Face à face

Lorsqu'on n'a pas le choix, on peut toujours expulser une personne indésirable par la force. Mais avant d'en arriver là, il faut tout faire pour en éviter l'utilisation. Un beau soir, mes agents sont incapables de faire déplacer trois dames et un homme qui sont à un endroit interdit. Mes agents tentent de négocier avec ces gens qui leur rient tout simplement à la figure. En allant inspecter le site, je tombe sur ces fauteurs de trouble. Mes agents m'expliquent le cas. Je refais la même demande de circuler et j'obtiens la même réponse négative du petit groupe dissident.

Il était évident que toutes négociations échoueraient avec ces personnes. J'ai simplement pris ma radio et j'ai fait le tour de tous les secteurs en demandant si tout allait bien, s'ils pouvaient se passer de moi pour la soirée. Tout en déconnectant discrètement mes écouteurs, je mis le volume de la radio suffisamment fort pour que les gens comprennent mes communications. Après la réponse du dernier secteur, je m'installai devant la dame qui semblait être la leader du groupe. « Bien ! J'espère que vous aimez ma figure, car c'est tout ce que vous verrez durant le spectacle. Je vais vous tenir compagnie ». La dame sembla insultée de ma décision. Elle amena immédiatement ses amis avec elle et quitta le secteur interdit. Le spectacle suivant, la dame me fit demander. Elle s'excusa en expliquant qu'elle et son petit groupe avaient un peu trop bu. J'ai revu cette dame régulièrement lors de certaines activités, et elle s'est toujours montrée courtoise et n'a jamais manqué de me saluer par la suite.

22.5 Reprendre du poil de la bête

Un autre soir, les gens de la sécurité font asseoir une dame sur le balcon du bâtiment qui nous servait de quartier général. La dame, un peu obèse, suait à grosses gouttes. Son visage était d'une couleur blanchâtre qui laissait supposer qu'elle allait s'évanouir d'un instant à l'autre. Une représentante bénévole chargée de donner les premiers soins arriva enfin sur les lieux. Le hasard fit que celle-ci fut une de mes étudiantes et une amie policière. En regardant la jeune femme, elle se mit à la gronder fortement. « Encore toi, tu vas m'arrêter ça tout de suite. Tu vas repartir chez toi et je ne veux plus te revoir ». J'avoue qu'en l'entendant parler comme ça, j'étais complètement déstabilisé. Je ne comprenais absolument pas comment elle pouvait lui parler comme ça. Mais plus elle grondait la jeune femme, plus celle-ci reprenait des couleurs et moins la sueur s'écoulait de son visage. Elle se releva, et quitta les lieux d'un pas alerte. Elle n'avait plus rien à voir avec la femme qui semblait sur le point de s'évanouir devant nous. Mon étudiante m'expliqua que cette femme était une habituée des services de premiers soins lors d'évènements spéciaux. Elle se comportait ainsi simplement pour avoir de l'attention. Elle m'expliqua que ce genre de personne réussit à donner tous les symptômes d'une personne vraiment malade. Mais en agissant ainsi, elle drainait les ressources dont d'autres personnes pourraient vraiment avoir besoin.

22.6 Défendre ses chefs d'équipe

Lorsque j'engage une personne pour jouer un rôle clé comme celui de gérer un secteur, je prends comme acquis que cette personne prendra probablement les bonnes décisions. Si je doute de lui, je ne lui attribuerai certainement pas un poste aussi important. De ce fait, je m'engage moralement à appuyer ses décisions. Un jour, un de mes chefs de secteur accepte de laisser positionner un camion de pompier à un endroit stratégique. L'endroit est excellent, car si les pompiers ont à intervenir, ils n'ont pas besoin de circuler sur le terrain avec le camion. Seule ombre au tableau, sur les photos de la presse, ça dérange la directrice de production du spectacle qui engueule mon chef de secteur comme ce n'est pas permis. Je me renseigne sur les raisons du différent.

Dans le monde du spectacle, cette femme terrorisait tout le monde. Plusieurs la considéraient comme une vraie dictatrice. Avec véhémence, je me suis mis à l'engueuler à mon tour, en prenant bien soin de lui dire que si elle avait quelqu'un contre qui se plaindre en ce qui concerne la sécurité, de venir me voir. Que le camion resterait là parce que c'était la solution la plus logique. La productrice me regarda avec ses grands yeux fâchés, puis elle sourit en me donnant une forte tape sur l'épaule. « J'aime ça quelqu'un qui se tient debout ». Je n'ai jamais eu de problèmes avec elle par la suite. La morale de cette histoire, il faut parfois apprendre à se tenir debout. Il faut savoir prendre ses responsabilités.

23.0 CONCLUSION

On ne peut s'improviser spécialiste de la sécurité dans l'organisation d'évènements spéciaux. Je donne à l'occasion des ateliers sur la gestion de tels évènements. Mais, pour ceux qui n'ont pas la chance de suivre un tel cours que ça soit le mien ou celui d'un autre, le meilleur moyen de progresser est de poser des questions aux gens qui ont plus d'expérience. Il faut constamment remettre en question le système que l'on a monté. Ça permet de fuir la routine et de voir s'il n'y aurait pas de meilleures solutions pour gérer l'évènement. Ce petit manuel vous donne une marche à suivre sur les principaux points. Il ne faut rien négliger et ne rien oublier. Des listes de suivi sont de bons outils pour une réalisation de projet dans ce domaine.

24.0 REMERCIEMENTS

J'aimerais profiter de l'occasion pour remercier deux de mes mentors dans le domaine de la sécurité. Tout d'abord Pierre Beaulieu, que j'ai toujours considéré comme une sommité dans ce genre d'organisation. Et dans un tout autre domaine, André Trudel, qui a été mon instructeur dans le domaine de la protection de la personne. Un domaine auquel j'ai emprunté plusieurs éléments pour les appliquer dans le domaine de la gestion d'évènements spéciaux. Et enfin, un remerciement à André Desgagnés, celui qui a été mon partenaire dans la plupart des gros évènements que j'ai dirigé. Lorsque je parlais de savoir bien s'entourer, je ne peux trouver de meilleur exemple que lui. Un remerciement également à tous ceux et celles avec qui j'ai partagé un nombre incroyable d'heures sur tous ces contrats. Sans ces personnes dévouées qui m'ont secondé lors de ces différentes activités, il m'aurait été difficile de mener à bien les tâches qui m'étaient confiées. Je voudrais remercier également M. Éric Pronovost qui a été d'une aide précieuse dans la vérification de ce document et M. Frédéric Simard qui a fait la mise en page ainsi que la conception de la jaquette du présent livre.

25.0 À PROPOS DE L'AUTEUR

Bernard Grégoire est enseignant en sécurité industrielle et commerciale au Collège FX Garneau. Il a été, entre autres, en charge de diverses organisations d'évènements spéciaux comme les Grands feux Loto-Québec, le concours hippique de Québec, les prestations du Groupe F, groupe français venu offrir quelques spectacles au Canada.

Instructeur dans le domaine du menottage, de l'intervention physique, de l'intervention verbale, instructeur senior en DAPP (Défense Appliquée par Points de Pressions), PPCT (Pressure Point Control tactics), DAB (Défense Assistée par Bâton), PR-24, Garde du corps, Strong Arm. Bernard Grégoire enseigne dans le domaine de la sécurité depuis 1983.

Il est également ceinture noire 6e degré de karaté kempo, et 15e degré dans le style Bujinkan.

26.0 SECTION PHOTOS

Voici une vue d'un des sites que nous avions à sécuriser.

On remarque, sur cette photo, que la rivière Montmorency est entourée d'immenses zones à gérer. En haut de la falaise, de chaque côté de la rivière qui mène à la chute, se trouvent des zones encore plus complexes à contrôler. Lorsque l'on doit sécuriser un site aussi disparate, le principe est simple, il faut planifier la sécurité en subdivisant le site en secteurs distincts. Chacun de ces secteurs possède ses particularités et ses besoins. Le facteur de risque diffère d'un secteur à l'autre. Sur un tel site, il faut tenir compte des risques que représente un cours d'eau. De plus, l'influence de la marée change les dangers en l'espace de quelques heures seulement. Ne pas tenir compte des risques intrinsèques aux marées augmente de façon significative les probabilités d'accident.

Un cours d'eau à gérer avec d'immenses secteurs au bas de la falaise, de chaque côté de la rivière. En haut, de chaque côté de celle-ci, des secteurs encore plus complexes à contrôler.

Parfois, la géographie du terrain ne nous laisse pas le choix. On peut apercevoir une corde traversant la rivière. Cette limite était nécessaire pour contrer quelques kayakistes dissidents. Pour les besoins de ce contrat, une corde à laquelle étaient attachés des flotteurs traversait la rivière d'un bord à l'autre. Malgré cette limite physique, il n'était pas rare de voir des gens soulever la corde et franchir cette zone délimitant un périmètre de sécurité. Dans la majorité des cas, éblouir les fautifs avec une lumière puissante se révélait suffisant pour les faire rebrousser chemin. Dans les cas extrêmes, certains agents étaient obligés de se mouiller afin d'éconduire les contrevenants.

Chaque terrain possède ses spécificités et, par le fait même, engendre des situations qui lui sont propres. On peut voir ici une clôture qui tente tant bien que mal de délimiter un périmètre interdisant la zone au public. Il va sans dire que, même avec une clôture, un grand nombre d'agents sont nécessaires pour repousser les tentatives d'intrusions qui se font de plus en plus nombreuses à mesure que le soleil se couche. Il est important que les agents chargés de surveiller ce type de périmètre n'oublient pas de prévoir l'habillement en conséquence. Même si la progression sur un tel terrain était difficile et que le terrain était très vaseux, ça n'empêchait pas quelques audacieux des tenter de s'introduire dans les secteurs interdits.

On doit parfois privilégier la faisabilité d'un périmètre au détriment de l'esthétisme. Dans certaines circonstances, la ligne droite est impossible. Mais, même dans un endroit aussi reculé, il est nécessaire de maintenir des agents afin d'empêcher les spectateurs de franchir le périmètre. Une partie de ce type de périmètre est difficile à installer. Mais même si ça paraît difficile et parfois même impossible à réaliser, on doit tout faire pour établir ce genre de protection. Dans cet évènement, des retombées de feu d'artifice représentaient le premier risque à prévenir. En second lieu, le terrain accidenté et le danger de noyade représentaient des risques potentiels pour toute personne non autorisée à franchir ce périmètre lors des soirées de spectacle.

Il faut parfois créer des zones sécuritaires afin de protéger le public contre lui-même. Ici, un corridor a pour rôle de séparer les piétons des voitures. Lorsqu'un évènement se termine, le comportement du public n'est pas aussi docile et prévisible qu'à l'arrivée. Les gens se dépêchent pour quitter les lieux. Les risques d'accident pour les piétons augmentent de façon significative. Il faut tout faire pour éviter qu'ils côtoient les voitures. Chaque accident, même mineur, vient entacher l'image de l'activité. Présumer que toutes les personnes qui quittent les lieux se conduiront prudemment est une utopie. Ce type de corridor est préventif et nécessaire si la foule est nombreuse.

Dans toutes les villes, on retrouve des résidants du secteur qui n'hésitent pas à briser le matériel en place afin de pouvoir entrer illégalement dans le site. Ces gens préparent parfois leur opération d'infiltration des semaines à l'avance. Une inspection régulière des clôtures est à faire entre chaque représentation. Des attaches en plastique peuvent colmater la brèche temporairement si des réparations permanentes ne sont pas possibles dans un délai approprié. Lorsque le personnel est suffisant, on peut remettre les contrevenants aux autorités. Cela permet d'avoir un effet dissuasif sur les résidents du secteur qui seraient tentés d'utiliser le même stratagème pour entrer en fraude.

Ici, les contrevenants ont simplement coupé l'un des fils en diagonale qui composent la clôture. À cet endroit, ce sont des familles entières qui tentaient d'entrer en fraude sur le site. Quelques heures avant chaque représentation, mes agents avaient le mandat d'effectuer une inspection des clôtures. On ne peut pas voir ce découpage à l'œil nu si l'on ne tire pas sur la clôture elle-même afin de faire ouvrir la brèche. Lors de tels méfaits, il nous est arrivé fréquemment de retourner le bon père de famille qui tentait de faire entrer en fraude sa famille au complet. Il arrive parfois que les brèches soient faites sur le dessus de falaises escarpées, des endroits extrêmement à risques.

Dans certains sites, il arrive parfois que l'on n'ait pas le choix d'isoler une rue entière avec des clôtures temporaires. Ces structures coûtent cher et exigent une grande logistique pour les emplacements.

Malheureusement, l'installation de tels périmètres est inévitable lorsque les activités ont lieu dans des endroits non prévus pour cela. Les personnes responsables de la sécurité prendront bien soin de photographier tout le système de clôture. Oublier une photo peut donner naissance à une brèche dans le système de sécurité pour l'année suivante.

Sur cette photo prise en soirée dans un secteur très achalandé, on a pris soin de retirer les pieds des clôtures afin d'éviter qu'une personne trébuche sur celles-ci. Le secret réside dans l'utilisation de collets de sécheuse. À la quantité de personnes marchant près de cette structure à la fin de la soirée, il est évident que si les pieds de ces clôtures n'avaient pas été enlevés, des accidents seraient survenus. Tout prévoir, tel est l'objectif d'un service de sécurité lors d'évènements spéciaux. Le moindre petit accident est susceptible de déclencher des poursuites en cour et, encore une fois, d'entacher l'image de l'évènement.

Lorsque vous êtes chanceux, vous pouvez compter sur l'aide de la police pour vous appuyer. Je ne compte plus le nombre de fois où ils ont empêché des voitures d'arrêter sur le bord de l'autoroute et de débarquer des gens qui tentaient de s'introduire illégalement sur le site.

Dans bien des cas, l'utilisation d'un simple ruban danger est suffisante pour diriger le public. Ici, un corridor est créé afin que les gens n'aient pas accès à la voie ferrée. Naturellement, quelques agents sont nécessaires afin de s'assurer qu'il n'y ait aucun dissident.

INDEX

absentéisme 94
accréditation 29, 30, 40, 41, 42, 78
achalandage 75, 76, 89
adjoint 25
agent de sécurité 10, 11, 13, 22, 26, 27, 28, 29, 30, 31, 32, 37, 38, 41, 44, 45, 49, 66, 71, 72, 74, 80, 81, 82, 89, 95, 96, 97, 105
alcool 32, 33, 42, 51, 75, 76
altercation 29
ambulance 9, 22, 23, 44, 46, 72, 73, 74, 87
arme 38
autobus 24, 94
autonome 30, 35, 47
autorisation 36, 40, 41, 84
autoritaire 22, 36
autoroutes 23, 55
bâtiment(s) 21, 58
bâton 38, 105, 108
bilan 54, 61, 71, 98
billetterie 22, 31, 43, 44, 57
blinder 64, 65, 66
boisson 32, 33, 34, 42, 69, 75, 76
briefing 61
bruit 15, 17, 34, 44, 45
caméras 34, 53, 79, 104
carte(s) 21, 40, 58, 62, 66, 87
ceinturon 38
chaîne de commandement 10, 35, 36, 48, 62
chef 12, 19, 22, 25, 35, 36, 41, 43, 47, 58, 59, 60, 61, 63, 72, 79, 84, 106
circulation 13, 23, 53, 71, 103
clientèle 9, 13, 14, 35, 68, 70, 72, 81, 88, 91, 101
clôturé 28, 65
clôtures 26, 27, 31, 53, 54, 59, 68, 69, 79, 82, 83, 84, 103, 114, 115, 116, 117
codes 44, 46

commandes spéciales 87
commanditaires 33, 69
communicateur 24
communication 22, 24, 28, 30, 43, 44, 46, 47, 59, 62, 63, 67, 88, 92, 101, 105
compétence 11, 12, 15, 17, 20, 26, 33, 37, 39, 40, 48, 100
congestion 71, 74
continuum 27, 34, 36
contrat 10, 11, 12, 13, 14, 15, 16, 17, 18, 19, 20, 21, 30, 35, 37, 49, 52, 54, 62, 64, 65, 70, 75, 80, 82, 87, 88, 89, 95, 98, 100, 101, 103, 105, 107, 110
coordination 19, 20, 24, 43, 72, 73, 74
coût de l'opération 100
croyances 38
CV 14, 37, 38, 95
dangers potentiels 82, 84
décision 15, 17, 19, 25, 29, 30, 31, 35, 47, 56, 57, 66, 68, 72, 86, 95, 106
délinquance 37
déplacement 9, 32, 45, 47, 53, 72, 73, 74, 77, 79, 81, 88, 90, 91
désamorcer 16, 31, 36, 37
diagnostic 73
directeur 19, 20, 21, 22, 23, 24, 25, 35, 41, 54, 55, 57, 59, 61, 94, 99
discipline 94
dormir 25, 35
dossier 10, 16, 21, 52, 53, 54, 61, 69, 78
drogue 9, 32, 37, 49, 51, 105
droits légaux 16
droits moraux 17
éclairage 22, 44, 54, 59, 71, 80, 81, 83, 85
écouteur 34, 45, 62, 103, 105
empathie 15, 16
emplacement 27, 60, 68, 69, 72, 73, 77, 91, 101, 116
enfant 13, 17, 27, 32, 68, 75, 80, 84, 100

entrée 15, 26, 28, 29, 30, 31, 33, 34, 41, 57, 65, 72, 73, 75, 76, 77, 78, 81, 89, 91
équipements 13, 43, 54, 62, 68, 78, 80, 90, 91
erreur 14, 19, 20, 21, 23, 31, 42, 63, 92, 97
escalier 80, 81, 84, 85
escorte 26, 47, 59, 69, 87, 88
espaces réservés 78
étanchéité 64, 65, 89
évacuation 23, 32, 55, 56, 57, 58, 59, 60, 68, 73, 89, 91
évacuation d'urgence 23, 32, 55, 56, 57, 58, 59, 68, 91
évaluation 12, 35, 36, 68, 101
évaluer 65, 66, 71, 89, 100
excuses 16, 20, 63
exécution 13, 17, 62
falaise 26, 27, 41, 64, 65, 103, 109, 115
femme 14, 31, 32, 33, 36, 106, 107
femme enceinte 32
formation 12, 21, 26, 27, 34, 37, 38, 72, 87, 97, 100
fouille 32, 33, 34, 75, 76
foule 9, 10, 11, 23, 24, 31, 32, 37, 38, 39, 45, 53, 55, 56, 59, 62, 69, 72, 73, 78, 81, 82, 83, 84, 85, 88, 89, 90, 91, 92, 113
fréquence 43, 44, 72, 83, 95
génératrice 59, 68
gestion 10, 20, 24, 31, 37, 38, 40, 41, 54, 62, 66, 68, 70, 77, 84, 98, 99, 100, 107
gestionnaire 37, 38, 40, 41, 68, 69
gomme 96
Google Earth 21, 66
handicapées 37, 59, 91, 92, 93
hiérarchie 33, 62
historique 10, 14, 15, 54, 61, 89
horaire(s) 51, 95, 102
illégal(s), illégale(s) 26, 87, 89
image 15, 17, 20, 22, 25, 30, 31, 33, 35, 38, 51, 83, 90, 96, 113, 117
imperméable 35, 71
imprévu(es) 10, 12, 47, 50, 71, 81, 87, 89, 90
incident(s) 14, 20, 25, 29, 34, 36, 60, 66, 73, 74, 77, 80, 84, 99

information 10, 14, 23, 24, 30, 36, 38, 43, 44, 45, 54, 57, 58, 61, 63, 73, 74, 75, 77, 78, 91, 100
intègre 30
intrus 26, 28, 50, 64, 66, 67
intrusion 9, 26, 27, 28, 51, 54, 64, 65, 67, 83, 89, 111
inventaire 12
journaliste 29, 42, 69, 77, 78, 79, 104
justifier 14, 25, 33, 35, 39, 48, 70, 91, 100
kiosque 42, 69, 77
langage 36, 37, 67, 96, 97
langage gestuel 97
langage verbal 96
langue 34, 37, 104
légal 9, 16, 17, 26, 34, 36, 87, 89, 114, 118
ligne de conduite 14, 26, 66
limite 14, 17, 18, 26, 34, 42, 44, 47, 64, 65, 73, 74, 75, 79, 80, 84, 87, 110, 111
liste 10, 12, 13, 21, 22, 30, 37, 41, 54, 62, 79, 89, 98, 100, 101, 107
logique 14, 17, 30, 33, 55, 70, 91, 105, 107
logistique 36, 43, 68, 89, 94, 100, 116
maître-chien 13, 49, 50, 51
matériel 12, 13, 22, 46, 69, 73, 80, 84, 85, 90, 98, 101, 114
média 20, 23, 24, 29, 42, 51, 77, 78, 79, 101, 104
menotte 38
minimiser les risques 68, 81, 84
mission 59, 62
nuit 13, 21, 25, 34, 35, 49, 51, 62, 95, 101
obstacle(s) 82, 84, 85, 91
opinions 38
organisateurs 11, 12, 16, 17, 18, 19, 21, 22, 23, 33, 42, 52, 54, 64, 65, 68, 70, 75, 87, 88, 90, 99, 100, 101
organisation 10, 12, 13, 14, 15, 16, 17, 18, 19, 20, 21, 22, 23, 25, 27, 30, 31, 33, 34, 40, 41, 42, 50, 51, 52, 54, 55, 56, 57, 60, 62, 63, 64, 65, 69, 70, 72, 74, 75, 76, 77, 80, 81, 82, 83, 85, 87, 89, 90, 91, 94, 95, 98, 99, 100, 101, 102, 107, 108

outil(s) 10, 11, 16, 38, 39, 40, 41, 43, 44, 46, 52, 53, 56, 61, 66, 89, 107
patient 73, 74
patrouilleur(s) 32, 33
payes 62, 97
périmètre 15, 26, 27, 28, 30, 64, 65, 82, 83, 84, 86, 87, 88, 110, 111, 112, 116
personnel 9, 10, 12, 14, 17, 20, 21, 24, 26, 27, 28, 29, 31, 37, 38, 39, 40, 42, 46, 48, 49, 51, 53, 58, 59, 69, 72, 73, 77, 86, 88, 89, 94, 95, 98, 101, 114
personnes âgées 80, 93
photo 40, 41, 42, 52, 53, 54, 73, 78, 106, 109, 116, 117
plan d'évacuation 23, 55, 56, 57, 58, 60
plan de match 67, 88
plans 21, 23, 26, 58, 59, 62, 64
pluie 28, 35, 71, 82
policiers 23, 24, 28, 33, 55, 57, 62, 66, 86
pompiers 23, 55, 57, 106
ponctualité 94
population locale 15, 16
poste 19, 20, 21, 26, 27, 28, 29, 30, 31, 33, 34, 35, 36, 37, 39, 40, 43, 47, 52, 71, 73, 74, 76, 79, 88, 89, 94, 95, 96, 106
premiers soins 13, 22, 58, 72, 73, 74, 87, 106
préventif 51, 80, 113
prévoir 10, 23, 26, 28, 30, 31, 32, 34, 35, 36, 37, 39, 42, 43, 47, 55, 56, 58, 61, 62, 67, 68, 70, 71, 73, 75, 76, 77, 78, 87, 88, 89, 90, 91, 92, 95, 111, 117
principale 26, 30, 31, 49, 88
priorité(s) 32, 44, 59, 88
privilège(s) 29, 41, 42, 62, 69, 70, 77, 93, 97
problème 10, 12, 14, 15, 16, 17, 20, 21, 22, 23, 24, 25, 29, 30, 31, 32, 33, 34, 35, 37, 43, 44, 47, 48, 50, 52, 53, 54, 55, 58, 59, 62, 63, 68, 69, 70, 72, 78, 79, 82, 85, 89, 94, 95, 96, 99, 101, 103, 104, 107
protection 21, 26, 34, 55, 58, 69, 80, 83, 87, 88, 89, 90, 107, 112
qualifié 12, 25, 26

qualifiée 25, 26
radio 13, 27, 28, 29, 34, 35, 41, 43, 44, 45, 46, 47, 59, 62, 72, 92, 95, 98, 101, 105
rapport(s) 14, 21, 22, 34, 36, 37, 38, 53, 54, 60, 62, 74, 81, 83, 84, 85, 87, 99
rapports d'incidents 14
recrutement 12, 27, 46
refuser un contrat 17
règles 11, 34, 38, 42, 75, 76, 96
relais 47
renfort 37
réunions 16, 20, 21, 54, 61, 63, 75, 79, 98
ruban danger 13, 31, 54, 68, 84, 85, 86, 99, 101, 105, 118
ruisseau 55
rustique 81
saisi 34, 76
secteur 9, 11, 12, 14, 16, 17, 19, 20, 21, 22, 24, 25, 26, 27, 28, 29, 30, 31, 32, 33, 35, 36, 37, 39, 40, 41, 42, 43, 45, 47, 48, 49, 52, 53, 54, 56, 57, 58, 59, 60, 61, 62, 63, 66, 69, 70, 72, 73, 74, 77, 79, 80, 84, 86, 89, 96, 98, 104, 105, 106, 109, 111, 114, 117
sécurité matérielle 80
sécurité parfaite 9
signalisation 40, 59
site 9, 10, 11, 12, 13, 14, 15, 17, 18, 19, 21, 22, 23, 24, 26, 27, 28, 29, 31, 32, 34, 35, 36, 38, 39, 40, 41, 42, 43, 44, 45, 48, 49, 50, 51, 52, 53, 54, 55, 56, 57, 58, 60, 61, 62, 63, 64, 65, 66, 68, 69, 71, 72, 73, 74, 75, 76, 77, 78, 79, 80, 83, 84, 85, 86, 87, 88, 89, 90, 91, 94, 95, 98, 100, 101, 104, 105, 109, 114, 115, 116, 118
situation 16, 17, 20, 24, 28, 29, 30, 31, 33, 35, 36, 37, 38, 39, 44, 45, 47, 49, 50, 56, 57, 58, 59, 60, 61, 65, 69, 72, 77, 82, 86, 87, 89, 91, 92, 93, 95, 96, 97, 103, 104, 105, 111
SMEAC 61
sortie 31, 44, 49, 58, 59, 66, 88
soumission d'un contrat 100
sourd 37, 104

spectacle 14, 28, 30, 31, 34, 44, 61, 65, 79, 82, 85, 97, 103, 104, 106, 107, 108, 112
stationnement 23, 57, 62, 72, 73, 74, 77, 78, 88, 101
syndrome de Peters 20
tâches 10, 11, 19, 23, 25, 26, 39, 40, 49, 54, 57, 59, 62, 87, 90, 101, 107
terrain 9, 11, 12, 14, 15, 17, 19, 21, 22, 24, 26, 28, 35, 36, 43, 48, 53, 55, 58, 62, 64, 65, 66, 67, 68, 71, 72, 73, 74, 77, 79, 80, 84, 85, 94, 95, 96, 99, 102, 106, 110, 111, 112
toilette 29, 79, 82, 95
tolérance 17, 29
topologie 31
tribunaux 34
type d'évènement 11, 13, 14, 30, 31, 36, 61
uniforme 12, 13, 39, 40, 96
véhicule 12, 13, 31, 35, 42, 47, 53, 68, 73, 78, 88, 89, 98, 99, 105
vente 42, 75, 92
VIP 62, 70, 77, 88
voiture 13, 16, 22, 24, 28, 31, 35, 76, 79, 104, 105, 113, 118
voiturette 13, 35, 79
vue d'ensemble 11, 21, 52, 53, 58, 61, 66, 102
zones 21, 23, 32, 36, 40, 41, 53, 56, 62, 65, 68, 71, 72, 81, 84, 91, 92, 109, 113
zones tampons 23, 56

Dépot légal – Bibliothèque et Archives nationales du Québec, 2012

www.ingramcontent.com/pod-product-compliance
Lightning Source LLC
Chambersburg PA
CBHW071512150426
43191CB00009B/1495